Die Welt „braucht" Psychopathen......

.....sie lenken Konzerne und Staaten

oder:

Der Augiasstall

An English version is available.

Es ist eine englische Ausgabe erhältlich.

Über den Autor:

Bernd Schlösser ist Jahrgang 1960, in Berlin-Spandau geboren und aufgewachsen.

Im Jahr 1977 begann er eine Ausbildung zum Bankkaufmann und war bis 2013 in diesem Beruf tätig; vornehmlich im Bereich der Finanzierung für Unternehmer und Freiberufler.

Seit seiner Jugend spielte er fast 20 Jahre als Schlagzeuger und Percussionist in verschiedenen Amateurbands.

Des weiteren waren und sind die Naturwissenschaften stets Gebiete, die ihn interessieren und begeistern.

Mitte der 1970er Jahre weckte eine mehrteilige TV-Dokumentation über Körpersprache* (Gestik, Mimik etc.) in ihm großes Interesse.

Ab 1987 nahm er seine ausschließlich autodidaktischen Studien zum Thema Psychologie auf; anfänglich mit populärwissenschaftlicher Lektüre, später mit Fachbüchern für Studenten und Ärzte bzw. studienbegleitendem Material.

Basis und Ausgangspunkt war stets die Frage, warum tut bzw. unterlässt jemand Dieses und Jenes, speziell im Bereich des Destruktiven, Negativen, des Verletzens, Tötens, bis hin zum nekrophilen Verhalten (im Kontext zu Erich Fromm).

Begleitend hierzu erfolgten viele Gespräche und Beobachtungen im täglichen Leben, Rückschlüsse, Hinterfragen und wieder Lesen zu den entsprechenden Problemstellungen.

Hervorragende Gelegenheiten, Menschen in ihrem Verhalten zu studieren, gab die tägliche Arbeit in der Bank mit Kunden aller gesellschaftlicher Couleur sowie Kollegen, Vorgesetzte vom Filialleiter bis zum Vorstand.

Seit 2006 wohnt er teilweise - ab 2013 dauerhaft - im Osten Deutschlands und hat sowohl das Großstadtleben Berlins als auch das Landleben Mecklenburg-Vorpommerns mit seinen Menschen kennengelernt.

Staatsangehörigkeit „deutsch" steht in seinem Personalausweis; er sieht sich jedoch als „Erdenbürger mit zufälligem Wohnsitz in Deutschland".

„Mit Herz und Seele und aus Überzeugung bin ich eine Mischung aus Schweizer und Franzose," sagt der Autor über sich selbst:

„Denn in puncto Patriotismus und Liberalität sind Schweizer und Franzosen beeindruckend und den Deutschen weit überlegen, zumal mit Ende des 2. Weltkrieges Nationalstolz und Patriotismus in Deutschland zusammen mit dem „Recht auf freie Meinungsäußerung" (Art. 5.1 GG) quasi abgeschafft wurden und jeder, der dies zu leben versucht, schnell in die rechte Ecke geschoben wird."

*(Ein Zweig der Wissenschaft, der eng mit der Psychologie verzahnt ist, und u. A. nach Außen bringt, was in uns vorgeht. Es ist schier unmöglich, mit dem Körper zu lügen. Auch bewusst unterdrückte Körpersignale brechen sich auf einem anderen Weg Bahn und entlarven letztlich ggü. dem geübten Auge die Befindlichkeit oder gar eine Lüge des Gegenübers.)

Aus dem Inhalt:

Wollten Sie schon immer wissen, ...

- was, oder besser, **wer** Kriege auslöste - von der Antike bis hinein in unsere Tage - und aus welchem Grund die Menschheit nicht schlau wird, um diese verheerenden Auseinandersetzungen endlich zu unterlassen? **„Die Geschichte lehrt uns, dass sie uns nichts lehrt."** (Alte Pennälerweisheit)

- oder warum Ihr Chef Ihnen trotz Wertschätzung aller KollegInnen und hervorragender Arbeitsleistungen keine Gehaltserhöhung zubilligt?

- warum jemand unbedingt „Karriere" machen will?

- oder aus welchem Grund Sie der Nachbar permanent schikaniert, obwohl Sie von allen Anderen als sympathischer und angenehmer Zeitgenosse geschätzt und geschildert werden?

- oder - im umgekehrten Fall - warum Sie seit vielen Jahren das Gefühl haben, dass Menschen Ihnen ausweichen oder ablehnend gegenüberstehen und Sie sich das nicht erklären können?

- warum wir weltweit - und das ist für mich unbestritten - weitgehend inkompetente Politiker und Wirtschaftslenker haben?

Weshalb das aber so ist und dass man dagegen etwas tun kann, erfahren Sie auf den folgenden Seiten.

Hier werden Sie viele - wenn nicht sogar alle - Antworten auf Ihre Fragen finden.

In diesem Buch wird mit verständlichen Worten erklärt, warum eine gesunde Seele für respektvollen und friedlichen Umgang sorgt und wie es dazu kommt, dass wir keinen inneren Frieden finden und unsere Mitmenschen bekämpfen und schikanieren; im Kleinen am Gartenzaun und auf der Autobahn, sowie im Großen „legal" mit Waffengewalt und Bomben.

Die Auslöser sind immer dieselben, es kommt jedoch auf die Intensität, sprich: den Grad der seelischen Entstellung bzw.

Behinderung an.

Aus welchem Grund wir weltweit nicht zu mehr Zu - **frieden** - heit finden, liegt in erster Linie an der seelischen Fehlprägung unserer Regierungen und Wirtschaftslenker und hat im Schlepptau das Besitzstreben. Der „Normalo" aus dem Volk strebt tatsächlich nach Ruhe, Zufriedenheit und seiner Sicht von Glück.

Der psychisch kranke und leere Mensch definiert sich über das, was er materiell hat oder haben will, quasi als Ersatzbe- **fried** - igung.

Dass beispielsweise genießbares Essen vernichtet wird, während in vielen Teilen der Welt Menschen jämmerlich verhungern, hat überwiegend finanzielle Beweggründe, die auf Habgier und Machtansprüche fußen. Eine ethisch sinnvolle Erklärung kann es nicht geben.

Zahlreiche kleine und große Betriebe und Anbieter werfen ihre abgelaufenen bzw. nicht mehr tagesfrischen (jedoch noch genießbaren) Waren lieber auf den Müll, als sie karikativen und mildtätigen Institutionen zur Verfügung zu stellen; oder ihren Mitarbeitern.

Dass („Nutz"-) Tiere gequält werden, z. B. in zu engen Unterbringungsmöglichkeiten, wie bei den sog. „KZ-Hühnern" und Pelztieren wie Nerz und Zobel, hat ausschließlich monetäre Gründe; es sei denn, der Betreiber hat zudem noch einen Hang zum Sadismus.

Wovon ich persönlich überzeugt bin, denn ein psychisch Gesunder wird sich solchen Domänen nicht widmen; gleichgültig, wieviel Geld sich damit verdienen lässt.

Das Gleiche gilt aus meiner Sicht für Menschen, die Tierversuche ganz gleich mit welcher Begründung machen und/oder unterstützen. Nachweislich nahezu 100 % dieser Experimente sind nicht auf den Menschen auslegbar und überflüssig.

Dass es in den letzten Jahren hier und da ein wenig „besser" geworden ist für die Insassen, haben sie ausschließlich den

Schutz-Organisationen zu verdanken, welche sich dafür unermüdlich einsetzen.

Politiker oder gar die Eurokraten kümmern sich erst dann darum, wenn es gar nicht mehr anders geht und sie eigennützig ein paar Wählerstimmen gewinnen wollen. Ein Gewissen, von sich aus etwas zu unternehmen, ist m. E. nicht vorhanden, sonst würden sie nicht nur anders, sondern deutlich schneller handeln. ....und Tiere haben keine Lobby und können keine „persönlichen Vorteilsnahmen" in Aussicht stellen.

Viel zu lange Übergangsregelungen und Schutzfristen (für die Betreiber) liegen ebenfalls nur wieder finanzielle Betrachtungen zugrunde und verlängern das Elend.

Ich hatte mehrfach in Tierheim-Institutionen Gelegenheit, Tiere aus schlechter Haltung oder „KZ-Verhältnissen" der „Nutz"tier-Industrie nach deren Freilassung pflegen zu dürfen. Die Lebensenergie und ein gesundes Äußeres kehrten bald zurück und es macht viel Freude, dies zu beobachten.

Ein Tier, dass unter den Haltungsbedingungen bereits äußerlich sichtbar leidet, leidet natürlich auch innerlich. Dies bedingt Ausschüttung von Stresshormonen; hinzu kommen Antibiotika, um das Tier halbwegs „gesund" zu erhalten.

Diesen Hormon- und Medikamenten-Cocktail nehmen wir mit unserem Essen auf. „Doch wie's da drin aussieht, geht niemand etwas an..... (aus: „Das Land des Lächelns", Operette von Franz Lehár).

Das Leben ist zum Wegwerf-Artikel verkommen, sowohl in der „Nutz"tierhaltung als auch auf dem Arbeitsmarkt.

Falls Sie das tatsächliche Warum und Wieso all dieser Abgründe interessiert, sollten Sie weiterlesen. Lesen Sie, was - oder besser: wer - uns alle kaputt macht und warum das so ist.

*Die Größe und den moralischen Fortschritt
einer Nation kann man daran messen,
wie sie ihre Tiere behandeln.*

Mahatma Gandhi
(Indischer Freiheitskämpfer)

*Die Größe und den moralischen Fortschritt
einer Nation kann man daran messen,
wie sie ihre Tiere behandeln.*

Mahatma Gandhi
(Indischer Freiheitskämpfer)

Kapitelverzeichnis

Was dieses Buch möchte

Dieses Werk soll nicht nur Erfahrungen, Erkenntnisse, Fakten und Wissen weitergeben, bierernst sachlich argumentieren und das tägliche Leben erleichtern. Es soll zudem unterhalten, den einen oder anderen Aha-Effekt bringen; so manches Schmunzeln und der eine oder andere Lacher (der manchmal im Halse stecken bleiben wird) sind garantiert, trotz des an sich ernsten Themas.

Das Buch soll des weiteren zum Nachdenken anregen und zum Widersprechen, es kann Zustimmung und künftiges Andersmachen auslösen, will Alternativen aufzeigen und polarisieren. Man kann sich den Aussagen anschließen oder es unterlassen.

Es soll aufrütteln und aufklären sowie Diskussionen anregen; es will bewegen und Bewegung erzeugen.

Die Ausführungen möchten Aufbruchstimmung verbreiten, Mut zur Selbstbestimmung machen und dies als Selbstverständlichkeit betrachten lassen. Davon sind wir leider sehr weit entfernt.

Dieses Buch muss nicht verfilmt werden, denn dies passierte und passiert täglich millionenfach. Die Auswüchse unserer weltumspannend neurosengesteuerten Führungs"elite" werden uns täglich via Tagespresse und TV-Nachrichten serviert.

Wenn der Leser es für sich zulässt, können diese Zeilen gern Lebenshilfe sein.

Der Inhalt dieses Werkes ist möglicherweise für Manchen **ein Tabubruch; und das soll es unter Anderem auch sein:**

Denn erst bei Tabubrüchen fängt der Mensch i. a. R. an zu denken. Tabubrüche sprengen Lebenslügen und stellen Pfründe ernsthaft in Frage.

Nicht einmal bei hausgemachten Naturkatastrophen, wie das Ozonloch und die Auswirkungen, Massensterben von Tier- und und Pflanzenarten, Klimaerwärmung durch CO2-Ausstoß, Plastikvermüllung der Meere, Raubbau am Regenwald - also vom Menschen initiierte Problematiken - fängt die Mehrheit nicht ernsthaft an, etwas nachhaltig dagegen zu unternehmen.

Halbherzige Entscheidungen aus vorwiegend finanziellen Gründen verlangsamen und verschwierigen sinnvolle Prozesse vorsätzlich.

In der Natur überleben in aller Regel nur die Stärksten, beim Menschen jedoch tendentiell die psychisch Entstelltesten (und die, die sich ihnen anschließen), was im Laufe der Menschheitsgeschichte katastrophaler- und irrtümlicherweise jeweils als Stärke interpretiert wurde und wird. Dies gilt es endlich zu erkennen, öffentlich auf sämtlichen Ebenen zu ächten und schnellstens zu eliminieren.

Das Buch möchte sensibilisieren für die krankhaften Vorgänge in den „heiligen Hallen" von Politik und Wirtschaft.

In dem bekannten Bestseller „Whistleblower" von den Autoren Jan van Helsing und Stefan Erdmann werden die dramatischen **Auswirkungen** der weltweit handelnden „Führungskräfte" aus Politik und Wirtschaft geschildert. In diesem Buch erfahren Sie die **Ursachen** und wie es kommt, dass gerade die inkompetentesten Personen ganz nach „oben" gespült werden.

Die Ursachen sollen die Handlungen dieser Psychopathen keinesfalls entschuldigen, sondern das Buch möchte wach machen und zum rechtzeitigen Erkennen dieser Gefährder der Menschheit beisteuern, damit sie gar nicht erst in den Wirtschaftskreislauf gelangen können.

Daher auch mein dringender Rat, Politiker und Lenker mittlerer und großer Unternehmen bzw. Konzerne regelmäßig von unabhängigen Psychologen untersuchen und bei Untauglichkeit unverzüglich (sprich: tagesgleich) aus dem Amt entfernen zu lassen.

Nach dem „gläsernen Bürger", dem wir den kontrollsüchtigen Staatslenkern und deren Vasallen zu verdanken haben, kommt nun der „gläserne Psychopath". Hier werden sie berechenbarer gemacht und man bekommt eine gute Chance, ihr krankhaftes Handeln vorherzusehen und einzuplanen: Was kann man vom Neurotiker erwarten, was nicht, was ist von ihm zu befürchten, welche Gefahren gehen von ihm aus?

Dieses Werk betrachtet der Autor als seinen persönlichen Beitrag zum Bundesprogramm bzw. zur Initiative „Demokratie leben!".

*Die Wahrheit
braucht man nicht zu fürchten,
nur die Menschen,
die die Lügen verbreiten.*
(Deutsches Sprichwort)

<u>Anm. d. Autors:</u> Ich arbeite sehr gern mit Sprichwörtern, Zitaten, Aphorismen und Metaphern. Diese treffen meist mit wenigen Worten den Nagel auf den Kopf, bringen oft einen Aha-Effekt, manchmal ein Schmunzeln und tragen nicht selten die Reife und Weisheit von Jahrhunderten in sich.

Quellenangaben (einschließlich Zitate) befinden sich jeweils im Text. Auf einige Angaben wurde bewusst verzichtet, um Personen zu schützen. Für die freundliche Unterstützung danke ich an dieser Stelle ausdrücklich.

Apropos „Augiasstall": Der Begriff fand seine Entstehung in der griechischen Mythologie. Herakles (vielen vielleicht besser bekannt als „Herkules") hatte unter Anderem die Aufgabe erhalten, die riesigen Rinderställe des Augias zu säubern, welche seit Jahren nicht mehr ausgemistet worden sind. Umgangssprachlich bezeichnet man demzufolge heutzutage einen Augiasstall als einen „Riesensaustall" und somit als Zeichen für stark verschmutzte Zustände und korrupte Verhältnisse.

Einleitung

Wer kennt sie nicht, die täglichen Nachrichten aus den Medien Zeitungen, Funk und Fernsehen?! Kriege, Waffenhandel, Drohungen, Atombombentests, Attentate etc.. Man kann sich ihnen kaum entziehen.

Haben wir uns nicht alle bereits des Öfteren in einer ruhigen Minute selbst gefragt, warum in Politik und Wirtschaft so viele unsinnige bzw. mit Vernunft nicht erklärbare Entscheidungen getroffen werden - teilweise gegen das allgemeine Rechtsempfinden - und man diese Eindrücke im Gespräch mit anderen Menschen auch noch bestätigt bekommt?

„In was für einer Welt leben wir eigentlich?!" Diese rhetorische Frage hören wir im Laufe unseres Lebens sicher mehrmals; wahrscheinlich sogar von uns selbst in einem Augenblick der absoluten Fassungslosigkeit.

Hierbei handelt es sich keineswegs um unseren „beschränkten Horizont", Zusammenhänge nicht zu überblicken, oder um „Stammtischgespräche", die unter Alkoholdunst geführt werden und in denen sich so Mancher heiß redet.

„Nüchtern betrachtet" entbehren diese Entscheidungen tatsächlich jeder logischen Grundlage, und das haben **Sie** mit Ihrem Verstand und einem Schuss Bauchgefühl auch völlig richtig erkannt.

Wohlgemerkt: „entbehren jeder **logischen** Grundlage" für den, der psycho-**logisch** nicht eingeweiht ist. Aber das wollen wir jetzt ändern!

Bei Allem,

- das sich **nicht** mit gesundem Menschenverstand (Vernunft) erklären lässt,
- unplausibel bleibt bei Betrachtung aller objektiven Fakten und/oder

- Argumente an den Haaren herbeigezogenen klingen,

stecken in der Regel zwei Dinge dahinter:

a) egoistische, monetäre Interessen, und dies in Verbindung
b) mit Entscheidungen psychopathischer Personen.

Alte kriminologische Weisheit: „Folge dem Fluss des Geldes!“

Ist der Mensch so gestrickt, dass er ständig Seinesgleichen und dessen Umwelt, Tiere, Pflanzen mit brutalsten Methoden heimsucht und zu bekämpfen sucht? Er betreibt bewusst intensivste und perfideste Planungen und Forschungen, um noch effizienter töten und vernichten zu können.

Die Eroberung neuer Lebensräume kann nicht die einzige Begründung dieser Anfeindungen und der gewollten und stattfindenden Vernichtung sein. Es ist eine höchst persönliche krankhafte Disposition des jeweiligen Entscheiders und „(In)Kompetenzträgers“.

Es gibt natürlich Antworten auf diese Fragen….. und Lösungen!

Die Ausführungen dieses Buches gehen die Beantwortung von einer ganz anderen Seite an.

Lassen Sie sich entführen in eine Welt, die Psychologen und Psychiater durchblicken.

Nach Recherchen des Autors wurde von den Profis leider Zurückhaltung geübt und bislang keine Arbeit über dieses - auch historisch - immer aktuelle und brisante Thema publiziert oder auch nur ansatzweise öffentlich und in dieser Form vorgestellt.

Dies ist nicht verwunderlich, weil Psychologen zwar einem Ehrenkodex (EFPA = European Federation of Psychologists' Associations = Europäische Vereinigung der Psychologenverbände) folgen, jedoch Publizierungen dieser Art keinesfalls ehrenrührig oder gar verboten sind. Im Gegenteil…..

Es existiert zusätzlich eine EFPA Medienrichtlinie:

„Psychologen stehen in der Verantwortung, ihr Wissen, ihre Einsichten und ihre Expertise mit der Öffentlichkeit zu teilen. Medien (Fernsehen, Radio, Internet, Print-Medien) haben sich zu wichtigen Quellen für Wissen, Meinungsbildung und Einflussnahme entwickelt. Durch die Nutzung der Medien können Psychologen ihr Wissen verbreiten und so danach streben, einen Beitrag zum Wohl der Menschen zu leisten." (Quelle EFPA Medienrichtlinie, Präambel 1.2.)

Jedoch: Aus welchem Grund sollte man sich auf's frisch gebohnerte Parkett begeben? Psychologie unbequem......

Die Demokratie, so wie sie in Deutschland und in vielen Ländern dieser Erde gelebt wird, hat eine permanente Funktionsstörung.

Wir sind mit ihr aufgewachsen und sehen die Unzulänglichkeiten nicht, weil ein ständiges Umgehen mit Fehlern, wie in der Kindererziehung, blind macht für die Realität. Wir empfinden dies als normal. Jedoch spüren wir in unserem Innern, dass etwas nicht stimmt.

In den letzten Jahren konnte man in den Medien verstärkt eine neue Redewendung hören und lesen: Er (oder sie) fand zu diesem oder jenem Thema „klare oder deutliche Worte".

Fast immer von Politikern/-innen, die zu einem Reizthema (ohnehin logische und bereits bekannte) Schlussfolgerungen und Meinungen absonderten. Dabei wurde stets darauf geachtet, auf der richtigen Seite zu stehen und nicht die Karriere anzukratzen.

Wirklich Wichtiges und Neues wurde dabei in aller Regel nicht bekanntgegeben und es wurden die altbekannten Phrasen und Plattitüden gedroschen.

Wirklich klare, sehr deutliche und unmissverständliche Worte wird der Leser jedoch **in diesem Büchlein finden; das ist ein Versprechen!**

Es sei an dieser Stelle ausdrücklich vermerkt, dass der Autor **kein**

„diplomierter Kopf" im Sinne eines Studiums an einer Universität ist und **<u>kein</u>** Examen auf den Gebieten der Psychologie/Psychiatrie o. Ä. abgelegt hat.

Bestandsaufnahme

Zu Anfang ist Folgendes festzuhalten:

Die Psychologie ist nach meiner Auslegung **keine** exakte Wissenschaft wie beispielsweise die Mathematik. Psychologen werden das größtenteils anders betrachten.

Sie ist eine **empirische** Wissenschaft, die auf lang angelegte gewissenhafte Untersuchungen, Testreihen und Erfahrungen beruht. Und letzten Endes ist trotz der am besten vorbereiteten und durchgeführten Untersuchungen und Experimente das Ergebnis niemals so sicher und absolut, wie 1 plus 1 gleich 2 ergibt wie in der Mathematik.

Etwas Derartiges zu behaupten wäre aus meiner Sicht nicht zu verantworten. Es kann (noch) niemand mit absoluter Sicherheit unsere Gedanken lesen bzw. einen Beweis darüber erbringen. Es wird jedoch daran gearbeitet und allererste „Erfolge" sind lt. Medien aller Art zu verzeichnen, dass auch Gedanken irgendwann nicht mehr frei sein werden; „dank" karriere-orientierten Hirnforschern.

Sollten eines nicht mehr allzu fernen Tages verarbeitbare Resultate vorliegen, kann man schon jetzt darauf wetten, was und wer sich als Erstes dafür dringend interessieren wird: Militär, Abschirmdienste und kontrollsüchtige Staatslenker; dann folgen die Personalabteilungen....

Eine erhebliche Zeit im Studium der Psychologie wird für statistische Erhebungen, Vergleiche, Korrelationen und entsprechende Auswertungen verwendet. Letzten Endes kann nicht von einer 100 %igen Sicherheit eines Ergebnisses ausgegangen werden, eher von einer mehr oder weniger zutreffenden Wahrscheinlichkeit; teilweise mit hervorragenden Trefferquoten.

Einen erfahrenen Psychoanalytiker könnte man mit einem gewitzten Kriminalisten vergleichen, der mit subtiler Vorgehensweise (z. B. in Gesprächen) versucht herauszufinden, welche Spuren ihn zum Ziel führen, um den Patienten von seinem Leidensdruck zu befreien oder diesen zumindest zu lindern.

„Qui bono?"

Ein Sprichwort aus dem Lateinischen mit der sinngemäßen Übersetzung: „Wem ist das von Nutzen/Vorteil?" Es stellt sich hier ganz simpel die Frage nach dem Motiv: „Warum tut er Dies und Das?" Wir kennen das aus der Kriminalistik bzw. den vielen allabendlichen Kriminalfilmen.

Die Frage nach dem Motiv wird uns im Laufe der Ausführungen immer wieder begegnen.

Deshalb das Symbol „🔔" für die „Motivklingel".

(Der Begriff ist dem Thema Fotografie entlehnt und meint spaßig-ironisch, dass am Fotoapparat für manchen eher untalentierten Nutzer eine solche Klingel eingebaut sein sollte, die ihm das „Sehen" von geeigneten Bildern anzeigt.)

Wir hinterfragen: Welche Motive leiten einen Menschen und auf welchen Wegen versucht er, das angestrebte Ziel zu erreichen?

Die Verhaltensweise verrät uns, was in einem Menschen vorgeht. Aber was ist normal, was ist „verrückt"? Das Wort „verrückt" ist hier nicht mit „irre sein" zu interpretieren, sondern eher räumlich und im übertragenen Sinne, als wenn man einen Gegenstand auf einem Regal einige Zentimeter ver-"rückt".

Der Gegenstand wurde von der ihm ursprünglich zugedachten Stelle entfernt und woanders positioniert. Der Gegenstand wurde verrückt - eigentlich nur ein Wortspiel.

Eine Neurose (genauere Erläuterungen dazu ab Seite 22) erkennt man am Verhalten einer Person. Um zu erkennen, was auffällig ist, muss man wissen, was normal ist im Sinne von **ursprünglich (angeboren) gesund** und **nicht**, was gesellschaftlich akzeptiert ist und täglich gelebt wird. **Dieser Unterschied ist eklatant wichtig und ein Grundsatz!**

Würden wir uns alle jeden Morgen das Gesicht blau anmalen und so den ganzen Tag herumlaufen, wäre das normal und gesellschaftlich akzeptiert; normal im Sinne von „angeboren" wäre das jedoch nicht.

Um einen weiteren anschaulichen, aber tiefer gehenden Vergleich zu geben, möchte ich an dieser Stelle einen kleinen Exkurs machen:

Kurz nach Beendigung meiner Ausbildung zum Bankkaufmann Anfang der Achtziger Jahre absolvierte ich im Rahmen interner Weiterbildung ein Seminar mit dem Thema „Erkennen von Falschgeld".

Der Seminarleiter, ein Mitarbeiter der Landeszentralbank, hatte einige Falsifikate, also falsche Geldscheine - auch Blüten genannt - mitgebracht. Diese waren von dilettantisch bis hervorragend angefertigt.

Der Kursleiter sagte einen Satz, der sehr prägend war, für mich einfach und genial zugleich, und sinngemäß lautete: „Um Falschgeld zuverlässig erkennen zu können muss man wissen, wie das echte Geld aussieht und welche Merkmale es hat."

Wenn es etwas gibt, was man landläufig als „gesunden Menschenverstand" bezeichnet, so kann man dies an dieser Stelle passend überleiten:

Um zu erkennen, was (psychisch) auffällig ist und Schaden zufügen kann, muss ich zwingend Kenntnis darüber haben, was im Sinne von nativ (angeboren) normal ist.

Jeder ist das Opfer seiner Erziehung

Was ist eine Neurose?

Eine Neurose - auch psychische oder neurotische Störung - ist eine andauernde Verhaltensstörung, die dem betreffenden Menschen bewusst ist (im Gegensatz zur Psychose) und ihn stark belasten kann. Organische Ursachen sind, so die Aussagen der allgemeinen Literatur hierüber, nicht erkennbar. Weitere Ausführungen hierzu folgen im Kapitel „Von Sch(l)auspielern und kranken Köpfen".

Neurosen/psychische Auffälligkeiten sind ansteckend. Nicht in klassischer, medizinischer Hinsicht bakteriell oder viral, aber auch übertragbar von Mensch zu Mensch. Dies findet über eine **Prägung** statt.

Auch Tiere können neurotisch werden, indem sie von psychisch behinderten Menschen erzogen werden. Einen Hund „scharf" zu machen, damit er Menschen oder andere Tiere (die nicht seinem Beuteschema entsprechen) angreift, hat nichts mit Erziehung zu tun, eher mit einer beabsichtigten Fehlprägung. Ängste und Befürchtungen des Menschen werden auf das Tier übertragen (man kann auch sagen: kopiert).

Das „edle" Ziel ist es, dass eigene Heim bewachen zu lassen; das Tier ist zum Werkzeug und zum Opfer von Herrchens/Frauchens inneren Ängsten und Zwängen geworden. Die „inneren Welten" verändern die „äußere Welt" könnte man sagen. Jemand verbiegt (passt an) die äußeren Gegebenheiten, um innere Ängste zu mildern.

Diese oben erwähnte Prägung ist besonders intensiv im Säuglings- und Klein(st)kindalter. In diesem Alter fehlen dem sehr jungen Menschen noch die Vergleichsmöglichkeiten und die Fähigkeit, kritisch zu hinterfragen und sich ggf. zu wehren.

Grundsätzlich betrachtet ist die Erziehung - insbesondere in den ersten Monaten und Jahren - ein Dressurakt; liebevoll oder rüde.

Das Kind ist vollkommen abhängig vom Wohl und Wehe der ihn versorgenden Personen; es ist ein Ausgeliefertsein. Liebesentzug, Vernachlässigung, Verachtung etc. (also seelische Misshandlungen) können verheerende seelische Schäden verursachen. Dafür ist körperliche Misshandlung gar nicht notwendig.

Die psychischen Wunden/Narben sind nicht auf den ersten Blick sichtbar, bleiben ohne Behandlung ein Leben lang bestehen und wirken sich auf den Lebenslauf und die Umwelt des Kranken - manchmal dramatisch - aus.

Würde dies beispielsweise den staatlich Verantwortlichen in den Jugendämtern vollkommen klar sein, würden bereits misshandelte Kinder oft nicht weiterhin bei den betreffenden Erziehungs-berechtigten verbleiben, sondern sofort und konsequent die Kinder entzogen und z. B. bei Pflegeeltern untergebracht werden, um weitergehende zunehmend schwerere Misshandlungen oder gar Kindstötungen zu vermeiden.

Bürokratie, Zeit- und Personalmangel und die Furcht davor, verantwortungsvoll durchzugreifen sind u. A. die Gründe dafür.

Dies gilt ebenso für die mit dem Tierschutz betrauten Veterinärämter.

Obwohl die gesetzliche Lage in Deutschland eindeutig ist (siehe § 1631,2 BGB*), wird sich an den Erziehungsmethoden in den hiesigen Kinderzimmern (und weltweit ebenso wenig) nichts ändern und wir haben weiterhin empathisch unterkühlte und egoistische „Führungspersonen" in den entsprechenden Ämtern, die ihre „Untergebenen" mit ihrem frühkindlichen Frust terrorisieren.

Offensichtlich ist hier im Elternhaus falsch gehandelt worden, sonst wären unsere "Oberen" nicht so geworden, wie sie sind und würden nicht entsprechend handeln.

Wenn es etwas gibt, was man als Neu"rosen"-Gewächshaus bezeichnen könnte, dann das sehr frühe Alter jedes Kindes.

Ein Beispiel hierfür ist die früher allgemein übliche Praxis (manchmal leider auch heute noch), den Säugling schreien zu lassen und keine Versorgung zu leisten. „Das kräftigt die Lungen!" hörte man; ......und hört man teils auch heute noch.

Ein Kind in diesem Alter schreit nicht, um seinen Versorger vorsätzlich zu ärgern oder zu tyrannisieren, sondern weil es sich unterversorgt fühlt. Hunger, Durst, Einsamkeit, Schmerzen etc. sind in aller Regel der Grund dafür. Für seine eigene Faulheit sollte man nicht das Kind büßen lassen....., oder sollte besser keines in die Welt setzen.

Versetzen wir uns in die Lage des Säuglings, der - außer Schreien - keine weitere Option hat. Er kann nicht aufstehen und sich selbst versorgen. Verzweifelt muss der Säugling irgendwann erkennen, dass sein Schreialarm nichts nutzt, sonst gar nichts tun kann, und der totalen Ohnmacht erliegt. Hier werden die ersten tiefgehenden, seelischen Wunden verursacht.

Ein weiterer unverantwortlicher Unsinn ist: „Ein Junge weint nicht!" oder „Ein Junge spielt nicht mit Puppen!" Warum sollte ein Junge nicht mit Puppen spielen und sich nicht auf seine spätere Rolle als Vater vorbereiten dürfen?

Jungen können eine Puppe genauso liebevoll versorgen wie Mädchen (ohne ein „Weichei" oder schwul zu werden); und Mädchen spielen auch gern mit kleinen Autos, wenn man sie lässt. Vielleicht möchte die kleine Tochter später Automechanikerin werden.

Das Kind muss also alles hin- und annehmen und kann darüber hinaus nicht „über den Tellerrand" hinaus schauen, wie es in anderen Familien aussieht:

„Werde ich hier gut oder schlecht behandelt? Sind Schläge und Anbrüllen normal bei meiner Erziehung und wird überall bei der Erziehung gebrüllt und geschlagen (was keinesfalls als normal zu bezeichnen ist). Drückt sich Liebe auch **so** aus, dass ich angebrüllt, geschlagen und beschimpft werde?"

Das kleine Kerlchen hat zwangsweise Scheuklappen auf und kann nicht links oder rechts schauen und Vergleiche anstellen.

Erst mit den Vergleichen im Kindergarten und in der Schule bekommt dann die erahnte und diffuse Unzufriedenheit eine endgültige Gewissheit über die Um- und Zustände.

Fast immer ist dann Vieles zu spät und in den künftigen Erwachsenen ist bereits die Saat gelegt, die in den Jahren darauf aufgeht und die sie später an ihre Kinder und Umwelt weiterreichen.

Ebenso wie eine liebevolle Erziehung wird eine Erziehung durch Angst, Drohung und Vernachlässigung an die nachfolgende Generation weitergegeben.

Man nennt dies Passiv/Aktiv-Umkehrung: Was ich passiv in meiner Erziehung erlebt habe und erdulden musste, gebe ich nun aktiv an meine Kinder weiter, weil es nicht anders erlernt wurde. Ein Keim also, der immer weitergereicht wird von Generation zu Generation.

Nicht nur an die eigenen Kinder, sondern diese Verhaltensweisen - ob positiv oder negativ - bekommt die unmittelbare Umwelt zu spüren: Nachbarn, Kollegen und Personen, denen man im täglichen Leben begegnet.

Auch Erlebnisse, die viel später eintreten als im Kleinkindalter, können zu Minderwertigkeitsgefühlen führen. „Kinder können grausam sein" weiß der Volksmund und so können schon reine Äußerlichkeiten zu Hänseleien unter Kindern führen, die eine Seele sehr verletzen können.

Eine etwas zu groß geratene Nase, eine Hasenscharte, Lispeln, Humpeln durch ungleich lange Beine oder Kleinwuchs (der Ausdruck „Giftzwerg" kommt nicht von ungefähr) verführen Kinder zu hässlichen Äußerungen. Auch Dickleibigkeit wird unter Kindern häufig - oft auch unter Erwachsenen - zum Anlass genommen, Menschen aufzuziehen. Wird dies hinreichend wiederholt, kann das seelische Spuren hinterlassen.

Ein psychologischer Grundsatz ist: „Was erlernt wurde, kann auch wieder verlernt werden." Dies ist einer von zahlreichen Ansatzpunkten bei der Behandlung durch den Therapeuten, der unter Anderem versucht, den Patienten Dinge neu lernen zu lassen bzw. schädigende Verhaltensweisen zu unterlassen.

„Das Lächeln, das du aussendest, kehrt zu dir zurück....." heißt eine - auch bei uns bekannte - Lebensweisheit aus Indien.

Die negative Ausführung dessen ist ein permanentes „Ich-verletze-mich-ständig-selbst-Trauerspiel", da bekanntlich jede Aktion eine Reaktion bedingt und ein Verletzen des Gegenübers stets eine Konsequenz nach sich zieht. Entweder sofort und aktiv oder passiv durch dauerhaftes Sich-Zurückziehens des Anderen oder Arbeiten im Untergrund.

Folglich kommt nicht nur ein Lächeln zurück, sondern - um es ganz salopp zu formulieren - auch der Tritt in den Hintern anderer Leute, den du aussendest, findet zu dir zurück.

Erziehung findet sehr häufig mittels Furcht (im Volksmund Angst, siehe hierzu Seite 56) und einer konkreten Aussicht auf Nachteile statt: Via Liebesentzug („Wenn Du Dies oder Das machst, hat Dich Mama nicht mehr lieb."), Drohungen, Anbrüllen und Schläge.

Dies erzeugt häufig Tränen und körperliche und insbesondere seelische Schmerzen sowie Trotz („Ich mache doch, was ich will"); ein Aufbegehren der verletzten Seele als Kompensation und Seelenpflaster. Diese Wunde wird jedoch nicht heilen.

Demzufolge fließen bei der therapeutischen Hebung (Lösung) eines psychischen „Knotens" auch in aller Regel Tränen.

Doch die Erziehung findet nicht nur im elterlichen Zuhause, in der Schule, in der Ausbildung und in der Kaserne statt, sondern endet de facto niemals. Deswegen sind wir auch so „empfänglich" für diese Ängste, wenn später wieder gedroht wird, z. B. den Arbeitsplatz zu verlieren, oder Dies und Das zu erleiden, wenn wir Dies und Das tun oder unterlassen.

Gern arbeiten Versicherungsgesellschaften mit diesen Mitteln (heißt dort: „Mit dem Sargdeckel klappern.") und Politiker, wenn sie den Teufel an die Wand malen, was alles passieren kann, wenn wir uns nicht für ihr Wahlprogramm entscheiden.

Fakt ist: **<u>Angst regiert die Welt</u>**

und wird so gut wie immer durch neurotische Menschen „verteilt".

Die sogenannten Autoritätspersonen (Eltern, Erzieher, Lehrer, Vorgesetzte, führende Politiker) sind bei entsprechend negativer Prägung dann eigentlich „Autoritärpersonen". Wirkliche Autoritäten weisen sich jedoch durch völlig andere Werte aus; siehe im Kapitel „Die gesunde Seele".

Seelisch Gesunde „arbeiten" nicht mit dieser Methode. Der Aggressiv-Autoritäre bezieht seine scheinbare Kraft aus der Angst der „Untergebenen", welche sie während der Erziehungsphase implementiert bekamen.

Der wirklich Ängstliche ist jedoch der autoritäre Gegenüber. **Macht funktioniert grundsätzlich nach dem Prinzip der jeweils größeren Angst.**

Wir alle kennen und/oder gebrauchen den Satz: „Sei schön artig/brav." Meistens werden als Drohung noch Konsequenzen in Aussicht gestellt, oder eine Belohnung, um das gewünschte Verhalten zu kaufen.

Artig bzw. brav zu sein heißt nichts anderes, zu jeder Zeit den Erwartungen des/r Anderen in vollem Umfang zu entsprechen.

Um durchsetzungsfähige Kinder erfolgreich in eine Welt voller Neurotiker zu schicken, sollten wir ihnen grundsätzlich von klein auf mitgeben: „Sei immer schön **un**artig!"

Im Erwachsenenleben nennt man das „zivilen Ungehorsam" (immer im Sinne von „humanistischem Entgegenstellen" zu verstehen zum Wohle des gesamten Volkes!) und kann, wenn die Einigkeit gegeben ist, Berge versetzen. Kriege würde es beispielsweise keine geben, wenn keiner hingeht, auch wenn der König noch so schreit.

Diese Form der Erziehung macht ein Kind stark, ist aber sehr anstrengend, weil sich dies - besonders während der Pubertät - auch gegen die Eltern richtet.

Jedoch müssen Provokationen des Kindes konsequent begegnet werden.

„Provozieren" heißt nichts anderes als „Ich bin auf der Suche nach einer Grenze!" und „Wie weit kann ich gehen?" und ist quasi eine unbewusste Bitte/Aufforderung, diese Grenze aufzuzeigen. Diese

Grenze muss auf friedlichem Weg gesetzt werden, auch wenn es Nerven kostet.

Man könnte sagen, der ständige Provokateur hat in seiner Kindheit nie gelernt, Andere zu respektieren, weil er keine/kaum Grenzen gesetzt bekam. Aus ihnen werden später große Kinder mit gefährlichen Waffen. Ein repräsentatives Beispiel ist m. E. der Diktator Nord-Koreas Kim Jong-un.

Ein weiteres Element, mit dem Kinder arbeiten, heißt „Trotz": Mit Gebrüll und sich Hinschmeißen, mit Tritten gegen das Schienbein (und völlig inakzeptabel) will man auf alle Fälle seinen Kopf durchsetzen, sonst droht Gesichtsverlust.

Je älter das „Kind", desto schmählicher ist dieser Zustand und wird - in südlicheren Kulturen noch viel mehr als bei uns - als Schande empfunden und Unehre. Sogenannte „Ehrenmorde" zeigen, wohin das im Extremfall führen kann.

„Trotz" kann, wie oben bereits geschildert, offen zu Tage treten oder versteckt, sogenannter Groll oder Grimm. Diese sind umso gefährlicher, weil nie genau klar ist, wann dies zutage tritt und (als Rache) ausgelebt wird. Im Betroffenen werden meist somatische Symptome deutlich, die oft nicht mit der eigentlichen Ursache in Verbindung gebracht werden.

Nun spielen die „großen Kinder" mit Gesetzen und Granaten und letzten Endes mit Kompetenzen, die **wir selbst** ihnen - leichtsinnigerweise, aber ohne es gesellschaftlich realisiert zu haben - an die Hand gaben, toben sich aus und - das ist das wirklich Schlimme daran – sie halten sich für unantastbar und fühlen sich wohl dabei..... solange Andere darunter leiden (z. B. Waffenhandel).

„Trotz" kann die kompetente Arbeit von sog. Expertengruppen, die von Seiten der Regierung für viele Millionen Steuergelder eingesetzt werden, überflüssig machen, weil: „Ich mache trotzdem, was ich will." Deswegen sitzt der Machtmensch in dieser Stellung, sonst wäre die ganze „Karriere" schließlich umsonst und nicht lohnend gewesen..... und man/frau will doch voll auf seine Kosten kommen.

Expertengruppen, Arbeitskreise etc. haben leider nur beratende Funktionen und keine Entscheidungsbefugnis und können als Alibi-Funktion der sie Einsetzenden missbraucht werden.

Zurück zum zivilen Ungehorsam, der grundsätzlich positiv ist, solange er angewendet wird, um neurotische Züge zu neutralisieren, oder besser noch: auszuschalten.

Historisch sehr bedeutsame Beispiele für zivilen Ungehorsam sind:

a) Mahatma Gandhis Unabhängigkeitskampf gegen die britische Kolonialherrschaft in Indien, welche 1947 ihr Ende fand. Dies wurde im Rahmen der Unabhängigkeitsbewegung mit gewaltfreiem Widerstand, zivilem Ungehorsam und Hungerstreiks erreicht.

b) Die Montags-Demonstrationen in der ehemaligen DDR beginnend im September 1989. Die „Friedliche Revolution" führte zur Beendigung der SED-Diktatur und zum Fall der Mauer.

Insofern ist der Sinnspruch über die heutigen Verhältnisse

„Lieber eine Regierung,
über die man lachen kann als eine,
die man fürchten muss."

zweifelsohne richtig.

Idee zum zivilen Ungehorsam:

Wenn eine Million Bürger drei Monate lang die unsinnige Zwangsabgabe „GEZ-Gebühr" nicht zahlen, dürfte sich dieselbe schnell erledigt haben. Wenn das nichts nützt, zwei Millionen Beitragszahler. Lange wird das die Verwaltung nicht aushalten und unter dem Arbeitsdruck zusammenbrechen.

Immerhin hat es die Schweiz Anfang März 2018 geschafft, darüber eine Volksabstimmung abzuhalten. Man hat sich zwar gegen eine Abschaffung entschieden (die Beiträge werden aber in Kürze deutlich herabgesetzt), jedoch: Der Bürger (besser Eidgenosse) wurde gefragt.

Der mehrmalige pauschale und millionenfache Abgleich der Einwohnerdaten mit der Gebühreneinzugszentrale läßt nicht einmal bei Datenschutzbeauftragten die Alarmglocken schrillen und wird als völlig normal hingenommen.

Rechtlich einwandfrei ist, dass das Einwohnermeldeamt bei nachgewiesenem berechtigten Interesse **im Einzelfall** zu Daten befragt werden kann bzw. zu Auskünften bereit ist.

Leider wird in Deutschland daraus wohl nichts werden, denn wir alle zahlen zu gern sinnschwache Beiträge, finden uns mit dem Missbrauch unserer Daten ab und haben lieber unsere Ruhe plus Hildchens Schweinebraten mit Rotkohl Punkt Zwölf Uhr am Sonntag Mittag.....

Eine weitere leidige Angelegenheit, über die viel gerichtlich gestritten wird, ist die Berechnung von Straßenausbaubeiträgen, die Familien und Unternehmen schnell in den wirtschaftliche Ruin treiben können (da meist fünfstellig und binnen 30 Tagen zu entrichten) und mit denen sich Kommunen gern reich rechnen und die knappen kommunalen Finanzen gesundzustoßen versuchen.

Auch hier lohnt sich eine Überlegung des „zivilen Ungehorsams".

Ganz frei nach dem Buch der Bücher (Genesis, 1. Mose) könnte man sagen:

„Seid fruchtbar und wehret euch......"

Wie man sich eine Seele vorstellen kann

Vom dänischen Physiker Niels Bohr (1885 – 1962) wird berichtet, er habe das Atommodell basierend auf einem Traum entwickelt. Er hatte lange Zeit vergeblich versucht, die Struktur des Atoms zu ergründen. Im Schlaf fand er die Darstellung der Atomstruktur, wie wir sie heute noch nachlesen können.

Erst viel später erfuhr ich von diesem seltsamen, aber keinesfalls einzigartigem Erlebnis des Herrn Bohr (es sind noch andere, ähnlich gelagerte Fälle bekannt) und erkannte, dass ich einen derartigen Traum hatte, dem allerdings ein gänzlich anderes Thema zugrunde lag.

Jahrelang fragte ich mich, wie wohl die (spirituelle) Seele aussehen oder wie man sie sich in bildlicher Hinsicht bzw. anschaulich vorstellen könnte. (Das Unterbewusstsein arbeitet in Bildern.)

Vor längerer Zeit wurde mir durch diesen Traum klar, wie die Seele aussehen könnte und wie sie funktioniert und sich auf unseren Lebensweg auswirkt.

Meine These ist, dass jede(r) von uns ein inneres Gefäß (Seele) mit sich durch's Leben trägt. Das Gefäß kann eine Holzkiste sein, eine Kristallvase oder was man sich ganz persönlich gern vorstellen und bei sich haben möchte. Dieser lebensbegleitende Gefährte möchte gefüllt werden mit etwas (Aufgabe/Sinn des Lebens). Am besten mit Güte, Reife, Weisheit und Lebenserfahrung.

Wer dies mittels einer liebevollen und aufmerksamen Erziehung nicht gelernt hat, wird **„wir leben" mit Konsum verwechseln**. Eine häufig gelebte Maxime unterstützt durch die allgegenwärtige Werbeszenerie mit unsinnigen Slogans.

„Die Werbung ist immer genauso intelligent wie die Zielgruppe, an die sie sich richtet," habe ich vor Jahren gelesen, und wenn man Werbebotschaften einmal ganz konzentriert und Wort für Wort vor seinem Verstand Revue passieren lässt, kommt einem schnell die Idee, dass das auch stimmt.

Nur ein Beispiel, dass meine Eindrücke bestätigte: Bei einem großen Anbieter gab's neulich „Fitnessbrötchen". Was machen die? Sport treiben? Oder werde ich fitter oder gar schlanker, wenn ich sie esse?!

Konzentrierter Stuss.... oder Werbestrategen gehen nach der Devise, dass sich die am dämlichsten ausgerichtete Werbung am besten im Hirn der Menschen (als Datenmüll) verankert.

Die Produkte mit der enervierendsten Werbung sind im besten Fall zu boykottieren; dies bringt die Marketing-Hirne am schnellsten auf den Teppich der Realitäten.

Innere Leere und „Lebens"Werte werden durch Materie ersetzt, die kein Mensch wirklich braucht.

Viele streben eine „Karriere" an, um sich diese materiellen Dinge leisten zu können. Der Weg zum Erfolg (und zum Herzen eines/r attraktiven Lebensabschnittsbegleiters/in) ist mit möglichst vielen Kreditkarten gepflastert, mit einer Villa am Stadtrand und einem funkelnden Sportwagen...... oder besser zwei.

Ein Orden oder ein Direktorentitel untermauern die Minderwertigkeitsgefühle und das Geltungsbedürfnis und geben zweifelhaften Auftrieb. Näheres dazu später!

Machtanspruch, Karrierestreben, Besitzen wollen sowie unmäßiger Konsum sind ausnahmslos Ausdruck und Kompensation von Ängsten, innerer Leere und Unsicherheit sowie Betäubung derselben.

Doch die Natur lässt sich auch hier nicht betrügen:
Die Menschen werden im Laufe des Lebens schließlich **doch** immer unzufriedener (was selten jemand zugibt, sich aber in Depressionen äußert), weil sie sich ans Materielle klammern. Aber nur, **weil** sie sich ans Materielle klammern, werden sie überhaupt erst unzufrieden.

Ein Teufelskreis, begründet in der Kindheit und übertragen von den einstigen Erziehern sowie den damit Beauftragten, welche an denselben Defiziten litten. Also quasi wie eine Infektion.

Letztlich ist der funkelnde, leistungsstarke Daimler oder BMW (es kann auch ein Ferrari sein) nur ein hübsch lackiertes - **aber totes** - Stück Metall und die Stadtvilla ein aus simplem Stein und Carrara-Marmor zusammengesetztes Vieleck.

Manche Leute betreiben exzessiv Bodybuilding (gegen **maßvollen** Sport ist nichts einzuwenden!) und lassen sich ihre Muskeln bewundern (und sich das fehlende Selbstvertrauen massieren).

Eine gut funktionierende Wirtschaft und Konsumgesellschaft „braucht" wohl kranke Verbraucherseelen und ihre psychopathischen Einpeitscher. Der Verbraucher ist oftmals selbst Schuld daran, weil er verlangt und fordert, dass es ihm immer „besser" geht; meist im Sinne von Konsum-Möglichkeiten.

Beispiel: Fleisch gehört jeden Tag auf den Tisch, und das möglichst billig und ohne Rücksicht auf Verluste.

Ins Selbstverständnis der Wachstums- und Perfektionsgesellschaft paßt es nicht, dass beispielsweise Aktienkurse auch fallen können. (Wer hätte das gedacht?!)

Es droht allerorten Gejaule, wenn Aktien-Indizes fallen oder eine Immobilienblase platzt. Dann wird von den Medien **der** Katastrophenfall ausgerufen und hochstilisiert.

Jahrelange saftige Gewinne wurden privatisiert (und werden stets „vergessen"); Verluste werden sozialisiert (Beispiel „Bankenkrise"). Hier funktioniert Lobbyistik par exellence und Politiker spielen diesen Protagonisten für gewisse Vorteile (z. B. Parteispenden, Vorteile beim privaten Kauf hochpreisiger Luxusartikel) in die Hände.

Ebenso selbstverständlich ist die jährliche familiäre Urlaubsreise (besser zwei oder gar drei) und möglichst weit weg. Gleichfalls eine populäre Art gesellschaftlich akzeptierter Frustbewältigung via Konsum. Offensichtlich kam es bisher noch niemandem ernsthaft in den Sinn, dass der Global-Tourismus nicht nur zu den größten Dreckschleudern gehört (wenn man nur an den CO_2-Ausstoß der Busse, Autos, Schiffe, Flugzeuge denkt).

Darüber hinaus werden der Umwelt immer mehr äußerst empfindliche Naturparadiese und Ökosysteme geraubt und Tieren und Pflanzen der Lebensraum genommen, um ein paar Millionen Euro/Dollar etc. zu lukrieren.

Letztlich verdanken wir die Plastikvermüllung der Meere vielfach der Schifffahrt, die ihren ökologisch nicht abbaubaren Müll lieber in den Ozean verklappt, als im nächsten Hafen gegen Bares entsorgen zu lassen.

Wer von uns denkt darüber nach, wenn er seine seit Jahren ersehnte Luxuskreuzfahrt bucht?! Wem ist es wirklich wichtig, wie der Planet Erde aussieht, wenn der Weltreisende in 50 Jahren sowieso das Zeitliche gesegnet hat?!

Nicht nur der Erdball wird zugemüllt. Wir haben bereits in den 50er Jahren begonnen, andere Himmelskörper (Mond, Mars etc.) mit unserem Schrott in Form von Sonden, Satelliten, Messinstrumenten zu bedecken. Flankiert von verantwortungslosen Atomtests diverser Nationen in Ost und West.

Die Vermüllung des Erd-Orbits und weiterer Himmelskörper unseres Sonnensystems erfolgte weitgehend aus Prestigegründen („Wettlauf zum Mond" in den 1960er Jahren, USA und Russland), **jeweils gehüllt in den Mantel von Forschung und Wissenschaft.**

Militärisches Aufrüsten ist ebenfalls nichts anderes als Muskelspielerei seelisch kranker Politiker mit Tendenz zum Verfolgungswahn, angetrieben und unterstützt von einer ebenso gewissenlosen wie geldgierigen Waffenlobby.

Wer sollte ein Volk angreifen? Die Ländernachbarn möchten ebenso in Frieden leben. Ausschließlich die neurotische Staatsführung wird seine Bürger zu kriegerischen Handlungen aufstacheln, Dinge erfinden und Provokationen in Szene setzen.

Für Rüstung weltweit wird ein Vielfaches mehr Geld ausgegeben als zum Schutz der Natur und zur Bekämpfung von Hunger und Durst der Erdbevölkerung. **Fazit:** Offensichtlich benötigen wir Waffen dringender als einen gesunden Mutterplaneten.

Weiter: Andere trainieren intensiv Kampfsportarten. 🔔**Motiv?:** Um sich selbst zu schützen, um Sport zu treiben und sich fit zu halten oder weil innere Ängste eine Kompensation brauchen, damit sich der Mensch stärker fühlt?

Letzteres wird keine(r) zugeben und „edlere" Motive (sprich Lebenslügen) äußern.

Profi- und Extrem-Sportler trainieren für eine Goldmedaille oder den Ironman und ruinieren langfristig ihre Gesundheit. Viele von ihnen greifen zu Dopingmitteln, um Andere und im Endeffekt sich selbst zu betrügen. Der Zweck heiligt die Mittel bzw. für den Sieg ist nichts zu schade.

Eine besonders interessante und brisante Klientel sind

Schußwaffenliebhaber und auf welche Weise sie ihre „Leidenschaft" edel tarnen. Mit einer Schusswaffe fühlt sich der seelisch Schwache stark und sie ist ein ideales Mittel, um Minderwertigkeitsgefühle zu kompensieren. (Ähnlich wie beim Luxus-Auto oder einer Penisverlängerung.)

Menschen mit einem seelischen Schaden in dieser Richtung lassen sich gern zusammen mit Waffen, Panzern, Prototypen von Bomben fotografieren; Beispiel ist der Diktator von Nord-Korea. Die aktuellen Entspannungsbeteuerungen sollten mit Argwohn betrachtet werden und hohe Aufmerksamkeit von allen Beobachtern abfordern.

Es gibt einige Möglichkeiten, legal Inhaber einer Schusswaffe zu sein: Sportschützen, Jäger, Sicherheitspersonal, MitarbeiterInnen bei der Polizei.

Es kommt darauf an, **wie** das Verhältnis des Inhabers zu seiner/n Waffe(n) ist, und dies äußert sich im Verhalten Anderen gegenüber bzw. wie sie darüber reden.

Der integre Inhaber wird in aller Regel nicht von sich aus darüber sprechen (wollen) und sie wirklich als (letztendlichen) Zweck in der z. B. Berufsausübung sehen. Fragen darüber werden meist ausweichend oder gar nicht beantwortet (ähnlich einem verantwortungsvollen Apotheker, der keinesfalls über sein Wissen bzgl. Toxinen plappert).

Der innerlich Schwache ergeht sich in Begeisterung und glorifiziert meist seine Errungenschaft, oft gepaart mit Äußerungen wie „mir soll mal einer zu nahe kommen". Es wird quasi ein Grund und eine Gelegenheit **gesucht**, die Waffe zu gebrauchen.

Die Waffennarretei in den USA und die diesbezügliche Lobby sprechen eine deutliche Sprache. Nach mehreren 100 Jahren wird noch immer Wild-West gespielt; eine Kollektiv-Neurose mit Tradition, weil eine Schußwaffe zu haben und zu führen bedeuten Freiheit und Abenteuer...... auch wenn man dadurch sein eigenes Kind verlieren könnte!

Meine Prophezeiung: Auch weitere tausend Amokläufe z. B. an Schulen mit mehreren tausend Toten und Verletzten werden kein Einlenken und Einsehen der Verantwortlichen (besser: Verantwortungslosen) bringen. Eher wird ein Gesetz auf den Weg gebracht, welches bereits Siebenjährigen erlaubt, mit einer Feuerwaffe zur Schule zu gehen.

Und dies ist nicht verwunderlich, weil zu einem Einsehen Selbstreflexion gehört, welche gesunden Menschenverstand voraussetzt, welcher seinerseits auf einer gesunden Seele basiert.

So wie ein psychopathischer Chef seine Personalkompetenzen missbraucht, akribisch nach Fehlern seiner Mitarbeiter und selbige dann „legal" zu maßregeln sucht, wird der neurotische Waffennarr (zumindest in der Fantasie) eine Gelegenheit suchen, mal ordentlich draufzuhalten.

Weiter im Thema:

Wieder Andere lassen sich am ganzen Körper tätowieren oder piercen, die bereits beachtliche Oberweite aufpolstern, die Lippen unterspritzen usw. usw...... Hauptsache ist, man/frau fällt auf und steht im Rampenlicht.

Die Regenbogenpresse befriedigt gleich zwei Kollektivneurosen auf einen Schlag:

a) Das Geltungsbedürfnis Derer, die in Adel und Geldadel sowie Film und Fernsehen nicht genug <u>von sich selbst</u> bekommen können und ständig im Blitzlichtgewitter diverser Bälle sowie Oscar-, Bambi-, etc.-Verleihungen - also permanenter

Selbstbeweihräucherung - stehen, und

b) die in Neid und Neugier darauf kein eigenes Leben zu haben scheinen und sich selbst bemitleiden.

Harte Worte, ja. Aber die Wahrheit schmeckt umso bitterer, je weiter man sich von ihr entfernt hat.

(Aus welchem Grund gibt es eigentlich keinen Oscar, Emmy, Bambi oder Ähnliches für den z. B. Feinmechaniker des Jahres oder sein „Lebenswerk"?!)

Die Werbung zieht überall eifrig mit und der Markt ist voll von Produkten, die das schwächelnde Seelchen aufpeppen sollen („Kaufrausch" ist ein nachgewiesener Auswuchs von seelischer Leere und kann in einer finanziellen Katastrophe münden).

Luxusartikel haben immer Konjunktur, auch in wirtschaftlich schwierigen Zeiten.

Der Kosmetikmarkt und der Schlankheitswahn mit seinen diversen Pillen, Pülverchen und OP-Möglichkeiten sind ein Milliarden abwerfendes Imperium und spielt mit den Minderwertigkeitsgefühlen der Menschen Monopoly.

In diesem Zusammenhang fällt mir ein Satz aus der Spielfilm-Komödie „Eins, Zwei, Drei" von Billy Wilder aus dem Jahr 1961 ein: „Kapitalismus ist wie ein toter Hering im Mondschein. Er glänzt, aber er stinkt!" (Rolle: Horst Buchholz als „Otto Ludwig Piffl")

Nichts gegen den Kapitalismus, wenn er nicht ausartet und per Saldo nur einigen Wenigen nützt und zudem der Umwelt schadet.

Ein besonders anschauliches und armseliges Beispiel hatte ich vor einiger Zeit beim Autohändler aufgeschnappt, während ich auf meinen Wagen wartete:

Ein Kunde ließ sich nachträglich ein „Soundaggregat" einbauen, damit der Motor mehr PS vorgaukelt als er tatsächlich hat.

Ich hatte mir darauf hin den Sinn eines solchen Apparates vom Autohändler erklären lassen, weil ich zuerst dachte, dass ich mich verhört oder etwas falsch verstanden hatte.

Soundentwickler haben Hochkonjunktur in der Autobranche, damit der Motor satt brummt (die sinnvolle Eindämmung von nervenaufreibenden Dezibel im Straßenverkehr ist hier nicht gemeint) und Autotüren sonor zuschlagen .... und der Nachbar möglichst noch neidischer wird ob des funkelnden Gefährts. Autospaß in „imitierter Auflage".....

Wem das noch nicht ausreicht, geht zum Image-Berater und lässt sich belehren, wie er auf Andere vorteilhafter wirkt. Politiker machen das sehr gern und Menschen, die eine „Karriere nach ganz oben" anstreben.

Ein Betrug, denn man macht anderen Personen etwas vor, was man gar nicht darstellt und letztlich auch nicht vertritt, oder besser: Ehrlich vertreten könnte (auch nicht vor sich selbst), wenn man/frau über die nötige Selbstreflexion verfügen würde. Die Image-Beratung ist quasi ein Masken- und Kostümverleih, somit Blendwerk, und nichts weiter.....

Es geht ergo **niemals** um den Inhalt, sondern ausschließlich um Inszenierung und das Äußere; um heiße Luft also....

*Die meisten Menschen sind ständig
damit beschäftigt, etwas zu werden;
die wenigsten, etwas zu sein.*

Es ist und bleibt doch letztlich innere Armut, mit der unser kleines Seelengefäß ersatzweise gefüllt wird und doch bis zum Schluss leer bleibt.

Wer innen reich ist, braucht diesen Firlefanz nicht.

Fazit:

Es ist harte Arbeit,

so oberflächlich zu sein......

Die gesunde Seele

Der seelisch Gesunde versteht sich als Individualist. Gruppenzwang zieht kaum bis gar nicht. Er geht selbstsicher seinen Weg und „macht sein Ding", notfalls auch alleine (würde vielleicht Sänger und Entertainer Udo Lindenberg sagen, den ich persönlich als einen starken Individualisten betrachte).

Diese Menschen lassen sich nicht für niedere Ziele einspannen, empfinden das Leben als Fluss mit allem Kommen und Gehen und tun sich in aller Regel nicht schwer damit, etwas loszulassen und lassen sich nicht alles verbieten (ziviler Ungehorsam). „Fehler" betrachten sie nicht - oder selten - als solche, eher als Lebenserfahrungen.

Das zeugt von innerer Freiheit und wahrer Größe. Sie freuen sich auf den kommenden Tag und wissen bereits vorher ganz genau, dass sie ihn zu ihrer Zufriedenheit bewältigen werden; Autoritäten eben und keine Autoritäre.

Diese innerlich freien Autoritäten sollten Menschen führen, nicht die, die sich dafür wählen lassen. ☺!

Das Problem: Innerlich freie Menschen stellen sich nicht zur Wahl, weil es ihr Ego nicht nötig hat, sich über Andere zu stellen und sie beherrschen zu wollen. Er fühlt sich als einer von ihnen und möchte sich in keinerlei Richtung ab- oder ausgrenzen.

Der Volksmund sagt mit einem Augenzwinkern, dass jeder von uns seine „Meise" oder „Macke" hat. Das ist sicherlich richtig, jedoch an dieser Stelle nicht gemeint.

Vielmehr handelt es sich um Verhaltensweisen, die mit der Zeit einen immensen Leidensdruck beim Betreffenden aufbauen können. Dieser Leidensdruck wird oft auf die unmittelbare Umwelt abgeleitet (sprich ausagiert), an den Lebenspartner, Kinder, Kollegen und den Menschen, denen Der-/Diejenige im täglichen Leben begegnet.

Die Personen, welche den Frust aufgezwungen bekommen, fungieren als „Blitzableiter". Der Neurotiker fühlt sich - meist nur kurzzeitig - erleichtert, wenn er die sprichwörtliche schlechte Laune an einen Anderen losgeworden ist. Es ist wie eine Droge, deren Dosis immer kürzere Zeit Wirkung zeigt und erhöht werden muss.

Die „Karriere"leiter bietet dafür viele Stufen an und lädt ein, gesellschaftlich akzeptiert immer mehr und weiter „seine persönliche Sau rauszulassen"; bis hin an die Grenzen zur Kriminalität - und darüber hinaus.....

Dass der Empfänger fast immer nicht der Auslöser der Frustration war, spielt dabei für den Absender keine Rolle. Und auch, dass sich der Blitzableiter dann schlecht fühlt, ist dem psychisch Kranken völlig gleichgültig.

Seelisch Kranke fühlen sich fast instinktiv nicht wohl in der Nähe von seelisch Gesunden, weil sie spüren, dass sie ihnen mit ihrem Getue nichts vormachen bzw. sie nicht beeindrucken können.

Diese „Untertanen" werden nicht selten mit kruden Methoden und Intrigen bekämpft. Man kann sagen, weil sie eine andere Sprache sprechen;..... und was Mensch nicht versteht, hat Mensch meist bekämpft.

Den psychisch gesunden und biophilen (= lebensbejahenden; Biophilie: Liebe zum Leben und allem Lebendigen) Menschen kann man an den folgenden Merkmalen bzw. Verhaltensweisen erkennen:

Er (Sie)

- respektiert alle Hautfarben, Nationalitäten und Glaubensrichtungen.
- hat kein Problem damit, für seine Fehler aufrichtig um Entschuldigung zu bitten.
- geht mit natürlichen Ressourcen wie Nahrung und Trinkwasser sparsam und mit Bedacht um.
- ist Pazifist mit natürlichem Freiheitsbedürfnis.
- möchte gesellschaftlich „dabei sein" und anerkannt und respektiert werden.
- hat eine natürliche, freundliche und entspannte Ausstrahlung.
- hat eine liberale Gedankenwelt und Weltanschauung.
- kommt es nicht in den Sinn, andere Menschen beherrschen zu wollen; will aber auch nicht beherrscht werden und wehrt sich (meist passiv) dagegen.
- lässt sich nicht in Schubladen pressen und enge Vorschriften.
- ist (weitestgehend) frei von Ängsten und inneren Zwängen.
- erfreut sich niemals am Elend Anderer (z. B. Gaffer).
- quält niemals Tiere, auch nicht beruflich und für Lohn (Tiertransporte, Kükenschreddern, Laborversuche etc.). Er empfindet dies als zutiefst unethisch und lehnt es kategorisch ab.
- kippt nicht lastwagenweise Plastikmüll in Gewässer oder veranlasst dieses (auch nicht als Job und für Geld).
- wird sich keinen politischen Parteien oder Geheimbünden anschließen oder dergleichen gründen.
- hat einen ausgeprägten Aktivitätssinn.
- ist spontan und Neuem ggü. aufgeschlossen.
- geht respekt- und rücksichtsvoll mit Mitmenschen und seiner Umwelt um und bietet selbstlos Hilfe an.
- ist eher unauffällig und leise in der Gestik, aber selbstsicher und nicht schüchtern.
- reagiert auf konstruktive Kritik offen und hört interessiert zu.
- kann „Nein" sagen, ohne sich dabei schuldig zu fühlen.
- teilt gern, auch wenn nur wenig vorhanden ist (Selbstlosigkeit); lässt sich aber nicht ausnutzen.

- ist gesellig, kommt aber auch allein gut zurecht.
- kann sich selbst und eigene Fähigkeiten realistisch einschätzen.
- ist als seelisch gesunder Mensch innerlich so stark, dass er seine Stärke nicht einsetzen muss.
- fühlt sich der Natur und allem, das lebt, eng verbunden.
- ist nicht nachtragend und bereit zu verzeihen.
- gibt einen klaren Weg vor ohne verletzend zu sein.
- hat kein Problem damit, Andere zu loben und offen wertzuschätzen.
- sieht vertrauensvoll und gelassen in die Zukunft und reagiert flexibel auf sie (anpassungsbereit und -fähig).
- geht mit der Gesundheit Anderer und seiner eigenen respektvoll um.
- verlangt nicht von Anderen, was er/sie selbst nicht imstande ist zu geben bzw. zu leisten.
- legt keinen Wert auf Titel und Orden.
- lässt sich nicht überlasten bzw. Dinge an sich herantragen, die von vornherein aussichtslos sind.
- ist tendenziell von Bescheidenheit geprägt und nimmt sich selbst im Gesamtgefüge nicht wichtig und ist nicht darauf bedacht, Reichtümer anzuhäufen (diese Menschen sind von innerem Reichtum).
- setzt, um es neuzeitlich zu sagen, keine PC-Viren in Umlauf und „hackt" nicht.
- wird kein genießbares Essen vernichten, auch nicht, wenn es zum Job gehört (Einzelhandel, Gastronomie); siehe hierzu auch oben unter „quält niemals Tiere...."
- ist kooperativ (in positiven Dingen) und gutwillig und findet in aller Regel für jedes Problem eine Lösung (während der Neurotiker für jede Lösung ein Problem sucht und meist auch findet).
- baut keine massiven Mauern, Zäune, Festungsanlagen oder veranlasst dieses.

Diese Merkmale (betrachtet im mehr oder weniger seelisch ausgeglichenen Zustand) fallen in den unterschiedlichsten

Intensitäten aus, mal mehr, mal weniger, mal gar nicht. Es gibt soviel Varianten, wie es Menschen gibt.

Die Liste ist ergänzungsfähig und nicht vollständig (und nicht nach Wertigkeiten sortiert), müsste aber ein konkretes Gefühl geben, was gemeint ist.

Die oben genannten Eigenschaften beschreiben keinen „Super-Menschen", sondern sind normal im Sinne von „so geboren", und ist in diesem Sinne kein Idealzustand. Dies gibt uns bereits jetzt ein gewisses Gefühl darüber, wie krank unser alltägliches Miteinander aussieht.

Wichtig zu erwähnen ist, dass sog. „gesunder Egoismus" nativ normal ist. Dieser stellt einen Impuls des Überlebenswillens dar. Dies umfasst auch den (bei Psychologen umstrittenen) Aggressionstrieb, der darauf ausgerichtet ist, ggf. zu kämpfen und zu töten (Jagd, Schutz der Gruppe), um sich und die Familie zu ernähren und schließlich zu überleben. Insofern besteht ein gewisser Widerspruch.

Man kann einen solch gefestigten und positiven Menschen jedoch auch innerlich verletzen. Nämlich dann, wenn das Verletzen vorsätzlich um des Verletzens Willen geschieht. Eine breite Front, die sich hier bietet, reichlich (meist von Vorgesetzten oder dem Ehepartner, der „die Hosen anhat") genutzt wird und immer mit „edlen" Motiven getarnt ist, um selbst unangreifbar und geschützt zu sein.

Allerdings wird der Attackierte seine Frustration nicht an einer anderen Person oder einem Gegenstand ausagieren, sondern dort, wo die Verletzung entstanden ist: Bei seinem Gegenüber.

Leider werden Kinder geboren, die geistig und/oder körperlich behindert sind. Von einer kranken Seele von Geburt an in diesem Sinne ist bisher noch nichts bekannt geworden. Es existieren allerdings Forschungen, die sich damit beschäftigen, inwieweit pränatale (vorgeburtliche) Erlebnisse zu einer solchen Deformation führen können, beispielsweise durch während der Schwangerschaft erlebte Gewalt an der Mutter, sowie das sogenannte Geburtstrauma.

Man sagt, dass die Seele aller Menschen - egal ob in der Zivilisation geboren oder bei einem Naturvolk am Amazonas - grundsätzlich gleich ist am Tage der Geburt.

Entsprechend verändert und verbogen wird sie erst mit der Erziehung, die entweder liebe- und rücksichtsvoll sein kann (freiheitlich/liberal) oder rigide und lieblos erfolgt. Das erste Lebensjahr, insbesondere die ersten Wochen und Monate, ist hierbei intensivst prägend.

Jedoch sind seelisch starke Menschen, wie sie durch die Merkmale oben geschildert werden, nicht uneingeschränkt belastbar. Betrachtet werden muss in jedem Falle auch die Angemessenheit (Adäquatheit) einer Reaktion bzw. Handlung im Hinblick auf den jeweils herrschenden Allgemeinzustand.

Durch beispielsweise Krisen (Tod eines nahen Angehörigen o. Ä.) wird es mit Sicherheit entsprechende Auswirkungen geben und Derjenige wird nicht so gelassen reagieren, wie es sonst von ihm zu erwarten gewesen wäre.

Welchen Beruf werden Menschen wie oben beschrieben ergreifen? Eine Tätigkeit mit vielen engstirnigen Vorschriften und sturer Arbeitszeit von 8 bis 17 Uhr in einer großen Institution wird kaum in Frage kommen. Obwohl sie sicher erfolgreich wären, jedoch selbst dabei bestimmt nicht glücklich werden und auf der Strecke blieben.

Es bietet sich eine Laufbahn im künstlerisch/kreativen und/oder selbstständigen Bereich an, in dem man sein eigener Herr und

Chef ist: Designer-Branche, Zeichenlehrer(in) etc.. Im Idealfall macht man/frau das Hobby zum Beruf und verzichtet auf ein opulentes Gehalt zugunsten innerer Zufriedenheit.

Ein seelisch gesunder Mensch lebt im originären Sinne religiös. Einer „Kirche", wie wir sie als Institution kennen, bedarf es nicht. Kann es aber sein, wenn es für einen selbst gebend ist. Eigenen, ganz persönlichen Zeremonien steht nichts entgegen, z. B. eine brennende Kerze an ganz persönlichen Festtagen, wie am Todestag eines geliebten Menschen oder eines Tieres.

Ich betrachte mich als „Pantheist", was sinngemäß heißt „Gott ist in Allem", bzw. „Gott ist eins mit dem Kosmos und der Natur". Es gibt hier keinen personifizierten Gott. Aber es gibt die Natur/Schöpfung, die man ständig sehen, hören, riechen, schmecken und berühren kann; mit allen Sinnen wahrnehmen also.

Dies betrachte ich als großen Vorteil und dass es m. W. keine institutionelle Kirche hierfür gibt. „Seeing is believing" („Sehen bedeutet Glauben") sagt ein englisches Sprichwort. Beim Pantheismus ist keiner auf das Glauben angewiesen, weil jeder die Schöpfung/Natur sehen kann.

Es gibt innerhalb des Pantheismus' Nichts und Niemanden, der mir seinen Willen zum Glauben aufzuzwingen versucht und alles Weltliche, was daraus erwächst: Er ist völlig freiheitlich und freiwillig, man muss nirgendwo Mitglied sein und für seinen Glauben Abgaben entrichten.

- Niemand schickt mich - wie bei den „Zeugen Jehovas" - in die Spur, bei anderen Leuten zu klingeln und „Überzeugungsarbeit" zu leisten.

- Niemand zwingt und erzieht mich, Andersgläubige als „Ungläubige" zu betrachten oder zu bekämpfen, wie es bei einigen

Auslegungen des Islams der Fall ist. Letztlich sind wir alle nur Menschen: Einen Krieg noch heute als „heilig" zu bezeichnen, dürfte einem Einweisungsschein in eine psychiatrischen Klinik gleichkommen.

- Niemand, dem ich ein schlechtes Gewissen und Schuldgefühle einreden muss, weil meine Urgroßväter möglicherweise am Holocaust beteiligt waren und Urenkel und Ururenkel noch dafür zahlen sollen, als ob Geld ernsthaft eine Entschädigung für Verfolgung und grausame Morde darstellen könnte.

Als abgedroschene Totschlagargumente dienen dann vorprogrammiert und automatistisch Worte wie „Antisemitismus" und „Volksverhetzung", wenn deutscher Politik und Justiz keine sinnvollen Argumente einfallen. Das ist ein probater Weg, liberale und zukunftsweisende Denkansätze niederzuhalten bzw. im Keim zu ersticken, jedoch m. E. jeder sachlichen Grundlage entbehrt.

Übrigens: Der Begriff „Antisemitismus", wie ihn deutsche „Staatsorgane" und (staatlich gelenkte) Medien gern (be)nutzen, ist sachlich falsch und dient ausschliesslich dazu, Bürger einzuschüchtern.

Eine authentische Definition dazu gibt es in den entsprechenden Bildungswerken, die neutral und - **vor Allem** - sachlich richtig über diesen Begriff informieren.

Jedes Wesen - auch der Mensch - kommt zufällig in irgendeinem Gebiet bzw. Land zur Welt; dies konnte sich niemand aussuchen.

Aus diesem Grund sollte sich niemand eine „Erbschuld" einreden bzw. unterstellen lassen, wie es fehlsichtige deutsche Politiker seit Jahrzehnten versuchen. (Es ist schreiend schade, dass es keinen Paragraphen gegen „Volksverdummung" in den Gesetzbüchern gibt.)

Wer dies predigt und sich öffentlich und ganz selbstverständlich dazu bekennt, steht zweifellos immer auf der richtigen Seite....., was förderlich ist für jede Art von (politischer) Karriere.

Jeder Mensch sollte sich als Erdenbürger verstehen und sich keiner willkürlich verordneten „Staatsbürgerschaft" zuordnen lassen.

Intoleranz und Habgier - folgenschwere seelische Schwächen - führten und führen noch immer zu Feindseligkeiten, selbst oder gerade im Glauben, der doch tief persönlich und gebend sein sollte und nicht zum Kampf führen darf.

Sämtliche Glaubenskriege (Religionskriege) seit der Antike haben Intoleranz und Habgier einiger weniger seelenkranker Herrscher als Ursache gehabt. Letztlich alle Kriege fußen auf seelisch deformierte Anführer, welche „edle" Gründe hierfür anführ(t)en, um die eigenen Malaisen zu vertuschen. Angst vor Andersdenkenden und nicht verstehen (wollen) sind der Motor dieser Aggressionen.

„Innere Welten" suchen sich ihren Weg nach draußen und gestalten und manifestieren die „äußeren Welten" eines Menschen. Wir kommen später noch ausführlicher darauf zu sprechen.

Eine Definition über Religiosität, welche mich tief in meinem Inneren ansprach, las ich vor vielen Jahren in einer kirchlichen Zeitschrift. Leider kann ich den genauen Wortlaut nicht wiedergeben, aber sinngemäß war die Botschaft: „Ein religiöser Mensch opfert seinem eigenen Leben so wenig wie möglich anderes Leben." Gemeint waren nicht nur andere Menschen, sondern alles, was lebt: Tiere und Pflanzen und alle Mischformen.

Wer Menschen in einen Krieg führt und mit Bomben und anderen Waffen zudem den Tod von anderen Lebensformen billigend in Kauf nimmt, kann ergo nicht religiös und folglich nicht seelisch gesund sein.

Genau Dasselbe gilt für Terroristen aller Couleur; Diktatoren betrachte ich als dazu gehörig, jedoch mit willkürlich zu legal erklärten Mitteln. Error im Kopf = (T)error

Dito, wer mit Waffen handelt (auch im Regierungsauftrag) sowie seine Mitmenschen ausbeutet und drangsaliert, wie täglich im Berufsleben erlebbar.

Wer unbedingten Gehorsam fordert,
wird unlautere Absichten haben.

Und:

Wer mit sich selbst in Frieden lebt,
kommt nicht in Versuchung,
anderen den Krieg zu erklären.

Von Sch(l)auspielern und kranken Köpfen
(Der gläserne Psychopath)

Bei der Anwendung der weltweit verfügbaren psychologischen Kenntnisse und Forschungsergebnisse im Alltag handelt die Menschheit noch wie im Mittelalter.

Immerhin ist der deutsche Gesetzgeber beim Verhalten hinsichtlich Mobbing (§ 223 StGB setzt hier an) und Stalking (§ 328 StGB) deutlich sensibler geworden. Jedoch ist die eindeutige Beweisführung meistens ein Problem, zumal des Weiteren viele Tatbestände nicht angezeigt werden. Teils werden sie heruntergespielt und/oder die Opfer verzichten aus Scham auf eine Anzeige. Leider sind seelische Wunden wie etwa äußere nicht sichtbar bzw. schwer nachweisbar.

Mobbing und Stalking hat durchaus Straftatbestand wie eine physische Körperverletzung, z. B. Schläge etc.. Stellen Sie ihrem Chef also durchaus eine entsprechende Anzeige in Aussicht, wenn sie sich seelisch wiederholt bedroht oder gar verletzt fühlen und setzen sie seinen Vorgesetzten davon in Kenntnis.

Auf der politischen Ebene und in Wirtschaftsunternehmen herrscht nach wie vor das „Faustrecht der Prärie". Ich habe oft erlebt, wie destruktiv seitens der Geschäftsleitung mit Mitarbeitern in Banken umgegangen wird, obwohl man hier bereits Einiges an Bildung - auch empathischer Natur - voraussetzen darf und sollte.

Mit der **körperlichen Hygiene** kommen wir bereits in jungen Jahren mehr oder weniger bewusst in Kontakt. Industrie und Werbung schütten uns zu mit Seifen, Düften, aggressiven Wasch-, Putz- und Pflegemitteln, die besser dem Chemiker vorbehalten bleiben sollten.

Möglichst weiß (besser noch rein) sollte die Wäsche sein, oder optimal: Steril wie im Operationssaal (aber nachteilig für unser Immunsystem, das, kommt es im Infektionsfall darauf an, keine Übung mehr hat, sich zu wehren. Dies ist unter Anderem die Basis vieler Allergien).

Ein Milliardengeschäft..... und äußerst belastend für die Umwelt!

Man bedenke: Alles, was wir in die Kanalisation entlassen, kommt eines Tages als Trinkwasser zu uns zurück. Es ist nur ein Kreislauf. Belegt ist, dass sich nicht alles vollständig durch unsere Wasseraufbereitungsanlagen herausfiltern lässt (z. B. Östrogene, Mikroplastik-Partikel). Wohl bekomms!

Impfungen, Reihenuntersuchungen, chirurgische Eingriffe usw. runden das Bild unserer physischen Versorgung ab.

Für die **geistige Hygiene** sorgt meist die jeweilige Regierung eines Landes. Nicht ganz ohne Eigennutz, denn oft will man dem Normalbürger das Denken abnehmen; gleichgültig, ob er das will oder nicht.

Regierungskreise und ihre Institutionen sorgen dafür, dass wir z. B. bestimmte Bücher nicht zu lesen bekommen, Dokumentationen und Berichte in der Schublade verschwinden, ehe sie an die Öffentlichkeit geraten und Presse und Medien manipuliert und gleichgeschaltet werden.

Der Beigeschmack der Bevormundung lässt sich schwer unterdrücken.

Bei der **psychischen Hygiene** wird leider immer noch spärlich gehandelt. Näheres hierzu - insbesondere zur täglichen Entlarvung und Abhilfe - verrät das Buch in den folgenden Kapiteln.

Menschen mit einer neurotischen Störung erleben sich häufig mit teils erheblichen Stimmungsschwankungen und werden uns oft als unsicher, ängstlich und gehemmt begegnen; in unterschiedlichen Ausprägungen; Lebensangst gepaart mit Lebenslügen, an denen stoisch festgehalten wird. (Neurotiker sehen tendenziell zuerst das Schlechte im Menschen, Gesunde grds. zuerst das Gute.)

Dies wird zumeist in einem Minderwertigkeitsgefühl und Geltungsbedürfnis münden, welches vom Betreffenden versucht wird, durch ein aufwertendes Erscheinungsbild und/oder einschüchternde Verhaltensweisen zu kompensieren (auszugleichen). Man könnte dies mit einer „inneren Waage" vergleichen.

Auf der linken Seite lasten die anerzogenen fehlleitenden Motive. In der Psychologie wird gern das anschauliche Beispiel der Prismen oder Linsen verwendet, welche die Realität verändern und den freien Blick auf den wirklichen Tatbestand brechen und/oder trüben.

Dies lässt - durch die Fehlbetrachtung der realen Verhältnisse - eine gänzlich falsche oder inadäquate Handlung folgen..... oder eine Unterlassung, wo eine Aktion angebracht wäre.

Um die Waage auszugleichen und die Neurosen für den Kranken einigermaßen „lebenswert" und erträglich zu machen, werden in die rechte Waagschale die Ausgleichsgewichte (Kompensationen) gelegt.

Diese auffälligen Verhaltensweisen/Symptome, die dem Kranken oft nicht bewusst sind und erst durch den Spiegel der permanenten äußeren Betrachtungen und Reaktionen seiner Umwelt vorgehalten werden, sind weiter unten aufgeführt.

Eine weitere, eher „klassische" - wenn auch sehr einfache, aber treffende - Definition der psychischen Störung lautet: „Neurotiker leiden am Leben." Man könnte auch sagen, sie empfinden ihre Mit- und Umwelt als Gegner. Es ist somit kein Wunder, dass sie häufig eine gewisse destruktive Energie und ein Signal der Gegenwehr aussenden. Quasi ständig auf dem Sprung zur Verteidigung gegen eine fiktive Bedrohung.

Dieses Gefühl des „man ist gegen mich" oder „man schätzt mich nicht" geht meist auf unbewusste Erlebnisse (Traumata) in der Kindheit zurück. Im schlimmsten Fall kann dies im Verfolgungswahn enden.

Das ehemalige frühkindliche Gefühl des Nicht-Geliebt-Werdens, des Ausgeliefert-Seins und der Ohnmacht, sich nicht wehren zu können, wird immer und immer wieder durchlebt und auf Andere als Verursacher projiziert. Das Urvertrauen ist empfindlich gestört, weil ganz zu Anfang jemand etwas falsch gemacht hat.

Interessant ist, dass ein Mensch mit neurotischer Störung keinesfalls so (rüde) behandelt werden möchte, wie er mit seinen Mitmenschen und seiner Umwelt umgeht. Er räumt sich wie selbstverständlich mehr Rechte ein, betrachtet sich als etwas Besonderes, möchte mit Glacee-Handschuhen angefasst werden.

An dieser Stelle ist durch innere Konflikte eine wichtige und verräterische Diskrepanz entstanden, die das Zusammenleben empfindlich stört. Der Volksmund sagt dazu, **er (sie) teilt gern aus, kann aber nicht einstecken.**

Wer sich irgendwo nicht wohl fühlt, in einer **rational** gefährlichen Situation, die von außen kommt (z. B. man befindet sich in einem Löwenkäfig mit der dazu gehörigen Raubkatze), versucht man dieser Situation so schnell wie möglich zu entkommen. Man spricht hier von **Furcht.**

Psychologen/Mediziner machen eine deutliche Abgrenzung zur **Angst,** die definitionsgemäß von innen kommt, diffus sein kann (also ohne erkennbaren und/oder rational erkennbaren Auslöser/Grund) und i. d. R. länger andauert.

Die diffuse Angst bei der neurotischen Störung lässt den Betroffenen völlig nachvollziehbar nach Wegen suchen, sein Leiden zu lindern, indem z. B. bestimmte Dinge vermieden werden (Strategie der Vermeidung).

Langfristig wird der Lebensweg dadurch nachhaltig beeinflusst, weil immer wieder Entscheidungen zu fällen sind. Diese zielen, jeweils von der Neurose eingefärbt, in die entsprechende Richtung. **Die innere Einstellung eines Menschen ist untrennbar mit seinen Entscheidungen verbunden!**

Um gleichzeitig die Minderwertigkeitsgefühle zu kompensieren und das Geltungsbedürfnis (Aufwertung der eigenen Person) zu befriedigen, werden berufliche „Karrieren" begonnen und erstaunlicher (oft skrupelloser) Ehrgeiz entwickelt. Dies trifft weitgehend auf gesellschaftliche Akzeptanz und wird als wertvoll angesehen, unterstützt von Menschen, die ebenso seelisch belastet sind (Mentor unterstützt Protegé).

Der US-amerikanische Schauspieler und Komiker Danny Kaye (1911 - 1987) wusste zum Thema „Karriere" Folgendes zu sagen:

„Es gibt zwei Möglichkeiten Karriere zu machen: Entweder leistet man wirklich etwas, oder man behauptet, etwas zu leisten. Ich rate zur ersten Methode, denn hier ist die Konkurrenz bei weitem nicht so groß."

Den Karriereweg könnte man als eine Art Flucht bezeichnen; er/sie fühlt sich nicht wohl unter Seinesgleichen. Der Umgang in einer Welt mit anderen Neurotikern, die so ticken wie er/sie selbst, ist für ihn/sie deutlich entspannter und lebenswerter. Auch hier kann man sagen: „Gleich und gleich gesellt sich gern" und „man spricht dieselbe Sprache".

Als Chef haben alle Anderen nach „meiner Pfeife zu tanzen". Ängste werden zurückgedrängt, ggf. ausgeglichen und sind eher kontrollierbar. Man braucht nicht mehr lang zu diskutieren mit der Gefahr, mit Argumenten zu unterliegen. Es wird einfach angewiesen. Der Mitarbeiter wird voraussichtlich nicht widersprechen.

Falls doch, wird er als renitent, unbelehrbar und/oder als nicht teamfähig gebranntmarkt. Dies jedoch trifft eher auf den Chef zu, der nicht in der Lage ist, flexibel und tolerant auf seine Umwelt zu reagieren.

Besonders in der Berufswelt und in Hierarchie-Strukturen ist es nicht Respekt, der „Vorgesetzten" entgegengebracht wird, sondern blanke Angst (z. B. den Arbeitsplatz zu verlieren). Dies wird gern und häufig verwechselt.

Problematisch wird es, wenn der Mitarbeiter sich doch traut, weil er Dank innerer Kraft und gesundem Gemüt Gegenargumente findet und freundlich serviert. Leider wird der taffe Mitarbeiter kraft Hierarchie Derjenige sein, der unterliegt (aber moralisch gewinnt) und ein neurotischer Chef mehr darf sich in seinem kranken Streben bestätigt fühlen und weiterhin das Bruttosozialprodukt senken.

Nun ist es an der Zeit, die alltäglichen Launen auszuleben und MitarbeiterInnen nach Lust und Laune straffrei zu triezen.

Gegenreden werden schnell als Insubordination (Gehorsams-verweigerung) ausgelegt und administrativ geahndet; die Personalabteilung tickt schließlich genauso und wird (fast) immer dem Rangoberen die Flanke stärken, weil die inneren Linsen des Personalchefs ebenso eingefärbt sind; und er „seinem" Leiter kaum in den Rücken fallen kann (weil er den psychisch Deformierten ggf. selbst eingestellt hat).

So wie der Hund den Hund zeugt, zeugt Unfähigkeit Unfähigkeit.

Zudem sind neurotische Führungskräfte vollkommen ungeeignet und unfähig, objektive Mitarbeiterbeurteilungen und Zeugnisse zu erteilen. **Leider** (!) gehört es zu deren beruflichen Aufgaben.

Der berufliche Aufstieg verspricht Privilegien, wie ein eigenes Büro (Abgrenzung zum „gemeinen Volk"), möglicherweise einen Dienstwagen, Gehaltserhöhung mit Bonuszahlung und - in größeren Unternehmen - sogar einen Titel.

Ergo: Man kann im Leben so ziemlich alles erreichen, wenn das Minderwertigkeitsgefühl nur stark genug ist. **Und deswegen** trifft man nur sehr selten nette und verständnisvolle (sprich: seelisch gesunde) Menschen in den Führungsetagen.....

Die **Nieten** findet man in aller Regel in der ersten Reihe - die **Netten** und Verständnisvollen zumeist erst ab der zweiten - oder eher dritten - Reihe und sind meist Diejenigen,

- die verstehen,
- wissen,
- etwas Reelles zustande bringen,
- das Chaos überblicken und
- sind letztlich diejenigen, die wirklich arbeiten,
- keine Phrasen dreschen
- und oftmals den Mist decke(l)n, den ihre Vorgesetzten
  fabrizieren.

Zusammenfassend kann man sagen:

Die Einen erkennt man an ihren Taten,
die Anderen an ihrem Getue.

Mit Sicherheit wird der Eine oder Andere in dieser Beschreibung seine(n) Chef(in) wieder erkennen. Legen Sie ihm/ihr doch mal dieses Buch unauffällig auf den Schreibtisch oder schenken es im Namen der Mannschaft hübsch verpackt zum Geburtstag.

Der oben erwähnte Leidensdruck wird häufig auf die unmittelbare Umwelt, z. B. Familie und Arbeitskollegen, abgewälzt (ausagiert) und dadurch teilweise sehr erfolgreich für ihn selbst gemildert.

Dies gelingt eine gewisse Zeit, bis

a) sich jemand erfolgreich dagegen wehrt oder
b) er über seinen Hochmut stolpert und z. B. via Kompetenzüberschreitung die höhere Ebene verärgert, oder
c) der Leidensdruck immer stärker wird und sich nicht mehr ohne therapeutische Behandlung in den Griff bekommen lässt.

Mir ist ein Fall bekannt, bei dem sich eine ganze Abteilung (ca. 12 Mitarbeiter) gegen die Allüren ihres Leiters gestellt hat.

Ergebnis: Die Mannschaft wurde ausgewechselt, der Leiter blieb auf seinem alten Posten. Das sind „wahre" Führungsqualitäten, auf die man „stolz" sein kann, sich durch ein ganzes Unternehmen ziehen und es von innen heraus zerstören können. Konkurrenz wird überflüssig. Übrigens: Das Unternehmen gibt es nicht mehr.....durch falsche Investitionen und Selbstüberschätzung seitens des Vorstandes.

„Karrieristen" vernachlässigen auffällig häufig ihre Familien und/oder beherrschen sie, wie sie ihre Unternehmung bzw. „Untergebenen" beherrschen; kühl und berechnend und mit wenig Empathie.

Bedauernswerte Kreaturen, die sich nur über Macht (Unterdrückung Anderer) und Besitz artikulieren können.

Nicht selten sind sie „Ämtersammler" in diversen Vereinen und Gruppierungen, womit für die Karriere verwertbare Kontakte geknüpft werden und man sich profilieren und zeigen kann. Die damit verbundene Vorstandsarbeit etc. wird meist Anderen aufoktroyiert. Man ist zu wichtig und beschäftigt, um sich mit dem

„Schreibkram" auch noch zu befassen.

Man könnte vermuten, für die Beschreibung eines psychisch auffälligen Menschen braucht man nur die im vorherigen Kapitel genannten Merkmale ins Gegenteil zu drehen. Das kann bedingt stimmen, wäre aber zu simpel, denn das Ganze ist deutlich weitreichender, vielschichtiger und absolut lohnend, intensiver beleuchtet zu werden.

Neurotische Menschen lassen sich in aller Regel an den folgenden Verhaltensweisen erkennen (jedoch nicht zwingend, um keine Vorurteile zu schüren oder ungerecht zu urteilen); oft treten mehrere Merkmale miteinander auf (in unterschiedlichen Ausprägungen).

Manche der Eigenschaften lassen sich schönreden; diese sind dann als „Führungsqualitäten" identifizierbar und bei Personalern, die selbst so ticken, in höchstem Maße willkommen. Wenn Sender und Antenne/Empfänger in derselben Frequenz justiert sind, ist alles möglich! Auch schwerstkriminelle Handlungen.

Diese Personen sind wahre Energiefresser und „Seelenzecken", die jedem die Kraft aus der Psyche saugen.

Auch hier ist die Adäquatheit der Reaktionen zur jeweiligen Situation zu be(tr)achten:

Er/Sie
- wirkt unecht, steif und hölzern in den Bewegungsabläufen (besonders gut beim Tanzen zu beobachten).
- ist ein(e) Kandidat(in), äußerst eifersüchtig und besitzergreifend zu reagieren.
- kann sehr eitel auftreten und fischt nach Komplimenten.
- legt großen Wert auf Äußerlichkeiten.
- tut sich schwer, Andere zu loben und anzuerkennen (wird als Schwäche betrachtet).

- tritt großspurig auf; auch körpersprachlich; Imponiergehabe (als „Wichtigtuer" bekannt).
- tritt rechthaberisch und belehrend in Erscheinung.
- hat nur Verständnis für die eigenen Probleme und Wehwehchen.
- ist kaum oder gar nicht kritikfähig (der Volksmund sagt auch: dünnhäutig). Erhebt dann schnell die Stimme und wird laut.
- verfügt nur über geringe oder keine Selbstreflexion.*

*Selbstreflexion: Die Fähigkeit, sich selbst, seine Situation, seine Handlungen und seine Wirkung auf Andere kritisch zu hinterfragen. Reue setzt Selbstreflexion (und Empathie) voraus. Aus diesem Grund sind Menschen dieser Prägung zu echter Reue nicht fähig.

- überschätzt sich häufig.
- ist auffällig und übertrieben ehrgeizig. Gibt sich oft beschäftigt und zeigt ein „wichtiges" Gesicht.
- lobt sich gern selbst und viel und ist davon überzeugt; permanente Selbstbeweihräucherung und Äußerungen wie „Das hätte ich viel besser hinbekommen." oder „Das habe ich mir gleich gedacht."
- lässt kaum eine Gelegenheit aus, Andere und ihre Leistungen herabzusetzen oder ignoriert sie.
- redet schlecht hinterher (Gerüchteküche).
- tritt oft dominant und (dumm)dreist und anmaßend auf. Wortschöpfung: „dumminant" = dumm und herrisch, analog zu dummdreist und dürfte den Kern treffen.
- ist ausgeprägt schadenfroh.
- räumt sich selbst mehr Rechte ein als er/sie Anderen zugesteht. („Wenn zwei das Gleiche tun ist es noch lange nicht Dasselbe.")
- lebt im Kontrollzwang (hierzu zählt auch die Datensammelwut von Behörden); auch sich selbst gegenüber. Werden treffend als „Krampfadern" und „Steiftiere" bezeichnet.
- hat die Tendenz zur Herrschsucht und tritt autoritär auf.
- hält wichtige Informationen zurück (insb. im Beruf kann das eklatante Schäden verursachen).
- demütigt und quält gern und fühlt sich nicht schuldig dabei (sadistische Tendenz).
- spioniert und verwendet ggf. Negatives, um sich aufzuwerten.
- schmäht gute Leistungen Anderer und/oder redet sie klein bzw. zieht sie ins Lächerliche.

- nutzt Andere gern für seine persönlichen Ziele aus, ist aber nicht
bereit, sich zu revanchieren.
- verlangt von Anderen als selbstverständlich, was er/sie selbst
nicht kann oder zu geben bereit ist.
- nutzt alte Seilschaften (z. B. aus Studienzeiten), um sich nach
„oben" zu hieven.
- ist misstrauisch ggü. Neuem („Keine Experimente"), verlangt
dies aber von seinen Mitmenschen und ist dann sehr neugierig auf
das Ergebnis.
- gibt großspurig einen aus und lässt sich gern feiern und
beklatschen (im Rampenlicht stehen), was für ein toller Hecht
er/sie ist.
- ist nicht sonderlich von Bescheidenheit geprägt und geht
tendenziell weniger schonend und sparsam mit Ressourcen und
Gebrauchsgütern um („Das steht mir zu!"), insbesondere nicht mit
Fremdgütern, wie z. B. Steuergelder.
- biedert sich bei denen an, wo ggf. Vorteile winken (sog.
Liebedienerei, im Volksmund „Arschkriecherei" genannt).
- glorifiziert den Vorgesetzten; die „Untergebenen" sind jedoch
Fußvolk.
- buckelt nach oben, tritt nach unten (im Volksmund:
„Radfahrer").
- findet Ehrentitel (akad. Grade, Direktor etc.) höchst
erstrebenswert und faszinierend.
- ist raumgreifend bei Reden; liebt „große" Gesten, z. B.
weitreichende stereotype Armarbeit (bei politischen Reden gut
beobachtbar).
- verspricht jovial schnell Dinge, die oft nicht gehalten werden (z.
B. Wahlversprechen).
- nutzt gern die Hilfe anderer Menschen aus, um sie anschließend
fallen zu lassen.
- versteckt sich gern hinter starren Vorschriften (Unsicherheit vor
kreativem und freiem Denken)
- ist durch Reichtum und „große Taten" (z. B. Prunkgebäude) zu
beeindrucken.
- ist gedanklich starr und unflexibel und verschlossen ggü.

Andersdenkenden mit vernünftigen Argumenten.

- ist neidisch auf den Erfolg und/oder Besitz Anderer.

- hat eine Tendenz zur Verbitterung.

- neigt zu mangelnder Kooperationsbereitschaft.

- hat es nicht so mit Entschuldigungen; diese gehen i. d. R. nur schwer über die Lippen.

- hat Schwierigkeiten, einsichtig zu sein und dies zu zeigen.

- hat eine verstärkte Tendenz zum Lügen. Wird er/sie ertappt, wird oft die „Salami-Taktik" angewendet: Immer nur gerade soviel zugeben, was sich momentan nachweisen lässt.

- sucht Prügelknaben.

- beurteilt und verurteilt gern.

- bevorzugt Verstandesentscheidungen. „Bauchentscheidungen" kommen praktisch nicht vor. Es muss alles rational begründbar sein und sich in Vorschriften und Paragraphen packen lassen,

- hat die Tendenz, sich im Ton zu vergreifen (Respektlosigkeit), jedoch nur bei „Untergebenen".

- klammert sich gern an feste Vorgaben und Formulare; kreative Anforderungen sind diffus und ängstigen ihn/sie.

-tritt tendenziell arrogant/hochmütig auf (Arroganz wird beschrieben als Distanz aus Unsicherheit und ggf. Angst).

- neigt dazu, in Gesprächen/Diskussionen zu monologisieren, andere zu unterbrechen oder nicht zu Wort kommen zu lassen.

- verwechselt Güte mit Schwäche.

- dient seinem Vorgesetzten devot und übereifrig mit vorauseilendem Gehorsam.

- ist ein Freund von Vetternwirtschaft (Nepotismus).

- ist ein Anhänger/Befürworter des Lobbyismus'.

- ist Bestechlichkeit (Korruption) nicht abgeneigt, wenn es der Karriere dient,

- versucht alles perfektionistisch zu erledigen und belastet damit schwer seine Mitmenschen.

- erstrebt und verehrt Privilegien wie VIP-Status bei XY, prahlt mit zig-tausenden Flugmeilen pro Jahr und allen Varianten von „edlen" Kreditkarten-Editionen etc.

- betrachtet attraktive Lebenspartner(innen) als Eigentum und

Trophäe und hat eine Tendenz, diese(n) aus Eifersucht zu isolieren.
- definiert sich (nahezu) ausschließlich über Besitztum und Macht.
- gönnt Anderen gar nichts, sich selbst jedoch alles.
- droht schnell mit dem Anwalt.
- droht schnell mit physischer Gewalt und setzt dies ohne Zögern um.
- ergötzt sich an der Hilflosigkeit/Ohnmacht Anderer und nutzt sie skrupellos aus.
- empfindet Empathie und Sensitivität als Schwäche und ist diesbezüglich äußerst ignorant und lernresistent.
- ist nachtragend und sinnt auf Retourkutschen.
-wendet Gaslighting an (eine perfide Manipulationstechnik, welche das Opfer letztlich an seinem Verstand zweifeln lässt und schwere seelische Schäden verursachen kann). Siehe hierzu bitte die entsprechende Fachliteratur.
- liest dieses Buch um herauszufinden, wie er Andere noch besser manipulieren und ausnutzen kann.
Und: Männer zeugen jenseits der 60 noch Kinder (sog. „Enkelzeuger").

Auch hier gilt: Diese Merkmale fallen in den unterschiedlichsten Intensitäten aus, mal mehr, mal weniger, mal gar nicht. Es gibt soviel Varianten, wie es Menschen gibt. Die Aufstellung ist selbstverständlich ergänzungsfähig und folgt keiner bestimmten Reihenfolge.

In schwerwiegenden Fällen auch:

- Machtstreben um jeden Preis
- Anwendung des Instrumentes der **Indoktrination** (keinen Widerspruch und keine Diskussion zulassende Belehrung.)
- Verlust der Bodenhaftung: „Jeder hat ein Recht auf **meine** Meinung." oder: „Hier kann jeder machen, was **ich** will.
- Tendenz zu krimineller Energie und zu skrupellosen Handlungen
- Allmachtsphantasien und Größenwahn (Schuld sind immer die

Anderen, weil ich fehlerfrei bin.)
- Gottgleichheit
Auf der Ebene von Staatsoberhäuptern ist dies wie folgt
erkennbar:

- Mittel-/langfristiges Abschmelzen demokratischer Strukturen
und Werte,
- Vereinigung machtgreifender Kompetenzen auf eine Person
(Präsidial-/Führersystem),
- Finden von Schuldigen und Gründen, unliebsame Personen aus
dem Amt zu entfernen (z. B. fingierte Putschversuche oder
Attentate, Unterstellung staatsfeindlicher Gesinnung und
Aktivität),
- Entlassung von Regierungsmitgliedern mit konträrer Meinung
zur Führungsperson,
- Ausrufen von Ausnahmezuständen, um höhere Kompetenzen von
Führung und Militär zu rechtfertigen,
- Einsetzen von Verwandten und engen Freunden an
regierungsnahen Positionen (Vetternwirtschaft),
- zahlenmäßig weitreichende Entlassung von beispielsweise
Staatsbediensteten,
- Masseninternierungen Andersdenkender,
- weitere Maßnahmen wie z. B. (angedrohte) Enteignungen und
Entrechtung ausgewählter Bevölkerungsgruppen,
- Zensur von Presse und Funk und Fernsehen,
- Straffung des Militärsystems, Aufbau organisierter
Schlägertrupps zur Einschüchterung der Bevölkerung,
- Bevölkerungsunruhen werden brachial verfolgt und beendet.

Weiterhin ist das Handeln eines seelisch Kranken durch Feigheit
geprägt. Er/Sie will die Konsequenzen seines/ihres perfiden und
dummdreisten Handelns keinesfalls tragen und versteckt sich
beispielsweise hinter Verordnungen, Paragraphen und juristisch
und gesellschaftlich akzeptierten Ausreden.

Beispiele:

- der „einfache" Mitarbeiter oder Büroleiter (gleichgültig ob in der Behörde oder in der Privatwirtschaft) versteckt sich hinter den Dienstvorschriften. Eigeninitiative, Kreativität, Mut zu Verbesserungsvorschlägen sind meist gleich Null.

- der betrunkene und notorische Raser, der Menschen in den Tod gefahren hat, versteckt sich hinter seiner Alkoholisierung (was im deutschen Rechtssystem tatsächlich in aller Regel zu mildernden Umständen führt).

- der Bundeskanzler versteckt sich hinter der Entscheidung seiner Gremien und/oder wartet EU-Entscheidungen ab, also eine Anonymisierung und Verwaschung der ganz persönlichen, kruden Absichten. Mehr dazu ab Seite 99.

Dabei wäre es für Politiker so einfach, sich aus der Verantwortung zu stehlen: Die Durchführung von Volksreferenden. Später dazu mehr.

In den oben genannten Verhaltensweisen bündeln sich derer viele in den Wesensarten und Charakterzügen von Führern/Präsidenten diktatorischer Regime und (Pseudo-)Demokratien mit faschistoiden Tendenzen.

Faschismus als Begriff ist schlussendlich nur sehr schwer für Alle zufrieden stellend und wirklich greifbar zu definieren, zeichnet sich im Wesentlichen jedoch aus durch:

a) antiliberalem Gebaren (z. B. Andersdenkende und Minderheiten werden verleumdet, interniert oder getötet, aus dem Amt entfernt, in der Öffentlichkeit lächerlich gemacht. Wahlbehinderung und Einschüchterung der Bevölkerung, Beschlagnahme von Presse-Institutionen, Manipulation von Wahlergebnissen, etc.),

b) antisozialem Verhalten (z. B. Kinder werden von ihren Eltern getrennt, Sippenhaft etc.),

c) nationalistischem Denken (z. B. „America first") als eine Blüte des Egoismus' („Wir sind alles, ihr seid gar nichts.", jedoch mit mangelnder Weitsicht von immenser verantwortungsloser, psychopathischer Tragweite der Betreiber des gleichnamigen „Committees"), Mauerbau der ehemaligen DDR und diskutierter Mauerbau seitens der USA zu Mexiko),

d) Führer-Prinzip bzw. -Kult und dessen Verehrung gepaart mit Agitation (Aufwiegelung und Hetze gegen Andersdenkende) und Demagogie (Volksverführung).

Mit diesen Kenntnissen sollte der Leser das gesamte Ausmaß des menschlichen Gegeneinanders hervorragend überblicken können.

Normal ist nur, **dass** wir rüde und respektlos im täglichen Leben miteinander umgehen. Normal im nativen Sinn ist es **keineswegs**.

Der Leser kann jetzt begründen, ob beispielsweise Donald Trump tatsächlich der Griff in die politische Glückskiste war oder eher für den Job als Präsident der USA vollends ungeeignet ist.....

...... oder Herr Erdogan ein (Schein-)Demokrat ist, wie er im Buche steht.

Es ist nicht auszuschließen, dass der eine oder andere Leser bei der Lektüre der obigen Liste ins Grübeln gerät und sich eventuell in einigen Punkten wiederfindet. Dies wäre - gemäß dem bekannten und antiken Sinnspruch „Erkenne Dich selbst" - ein höchst positives Erlebnis.

Wer hier tiefer einsteigen möchte, dem seien Peter Lausters Ausführungen zu den sogenannten „Lebenslügen" (aus dem Buch „Lassen Sie sich nichts gefallen") ans Herz gelegt.

„Selbsterkenntnis ist der erste Schritt zur Besserung" weiß der Volksmund treffend zu berichten und somit ist der erste Schritt in eine positivere Zukunft für alle Beteiligten bereits getan. Es bedarf viel Mut, sich selbst kritisch zu hinterfragen und in Zweifel zu ziehen.

Selbsttest zur Selbstreflexion:

Sich selbst aufmerksam zuhören, was man wie zu Anderen sagt und sich dann fragen, ob man selbst so angesprochen werden möchte.

Fast immer werden starker Widerspruch, Angst und möglicherweise auch Aggressionen als Reaktion auftreten, werden diese Dinge und Lebenslügen erkannt bzw. offengelegt. Der Mensch wird die hier aufgezeigten Inhalte voraussichtlich abstreiten, verleugnen, bekämpfen, schmähen, ins Lächerliche ziehen, für nichtig erklären; sich jedoch keinesfalls konstruktiv damit auseinander setzen, als möglichen Weg akzeptieren oder gar einen Versuch der Umsetzung gutheißen.

Schon gar nicht Menschen, die sich mit dem bestehenden System arrangiert haben, denen es dabei gut geht (z. B. Funktionäre und Lobbyisten) oder sich einen Ohnmachtspassierschein ausgestellt haben („Da kann man eh nichts machen.").

Es werden per Saldo nach außen Stärke und Festigkeit vorgespielt, welche innerlich kaum oder gar nicht vorhanden sind. Dies gelingt jedoch nicht, da sich Derjenige via Körpersprache verraten wird durch stereotype Bewegungen (z. B. Beinwippen, Spielen mit dem Kugelschreiber, Haarsträhnen kringeln etc.) sowie Verkrampfungen der Muskulatur.

Genaues Beobachten ist (nicht) erwünscht. Das Unterdrücken der (Mikro-)Motorik, der Mimik (Pokerface) bzw. bewusstes Üben des Unterlassens wird in der Regel andere beobachtbare Signale zu Tage fördern.

Das Gefühl ist immer stärker als der Wille und wird sich seinen Weg nach außen bahnen!

Es findet keine Authentizität (Echtheit, Glaubwürdigkeit) statt, die sich ansonsten immer darin ausdrückt, dass Denken, Reden und Handeln eine schnurgerade Linie und somit eine plausible Gesamtheit bilden.

„Unechtes" Verhalten (Vortäuschung von Selbstbewusstsein) fällt dem empathischen Menschen auf. **Echtes Selbstbewusstsein fällt nicht auf.** Es ist reine innere Stärke sowie Kraft und Güte: Ein „Über-den-Dingen-stehen", ohne dabei auf Andere arrogant oder stolz zu wirken.

Arroganz ist das Selbstbewusstsein
des Minderwertigkeitskomplexes.
(Edmond Rostand, franz. Dichter und Jurist)

In welchen Berufen werden wir Menschen finden, die diese Merkmale in der Liste mehr oder weniger inne haben?

Vornehmlich in großen Institutionen, Behörden (z. B. Beamtenlaufbahn) etc., die „Schutz" bieten hinter Gesetzen und Vorgaben, die die betreffenden Personen nach meinen Erfahrungen häufig kaum erklären und begründen können, wenn man sie danach fragt („Es ist eben so, wie es ist!" und bedeutet Ohnmachtserklärung).

Wichtigtuerei und Pflege von Pfründen sind dicke Säulen der Bürokratie; Zweckmäßigkeit und Flexibilität sind derer eher zerbrechliche. Aber es schafft und erhält Arbeitsplätze in der staatlichen und privatwirtschaftlichen Verwaltung.

Ideal sind des weiteren Berufe und Wirkungsstätten, in denen diese Menschen ungestraft Andere mit Besserwissereien und Belehrungen schikanieren können, Kontrollen und Überwachungen durchführen können, ellenlange Formulare ausfüllen und auf zugigen Fluren warten lassen dürfen. Also quasi unangreifbar und unantastbar sind in ihrem Tun und Unterlassen.

Es bieten sich tendenziell Berufe im Bereich der Judikative und Exekutive an: Richter, Staatsanwalt, Mitarbeiter im Strafvollzug, Polizeidienst, Mitarbeiter in Finanzbehörden, Verwaltungsbeamte und -angestellte in allen Stufen des öffentlichen Dienstes; Mitarbeiter beim Bundesnachrichtendienst (BND) sowie beim Verfassungs- und Staatsschutz können hier ungeahndet ihre persönliche Kontrollsucht ausleben.

Manche wagen sich auch in die Privatwirtschaft vor.

Hier ist das Eis jedoch maßgeblich dünner, weil Unternehmen in aller Regel von ihren Kunden leben. Kunden kommen freiwillig, müssen sich diese neurotischen Spielchen nicht bieten lassen und können zu einem anderen Anbieter wechseln. Das ist bei staatlichen Aufgaben nicht der Fall, weil Monopolstellung.

Dies lässt sich anschaulich in schriftlicher Korrespondenz nachweisen. Schreiben von Behörden sind meist deutlich fordernder und in nahezu unverschämter und herablassender Weise abgefasst.

Heißt: Wo keine Konkurrenz herrscht, kann ich zeigen und Andere fühlen lassen, dass ich der Herr bin. Man lebt quasi in (unbewusster) „Angst und Würden".

Vergessen und verdrängt wird von Staatsdienern gern, dass der einzelne Bürger eigentlich deren Kundschaft ist und sie von ihm - via Steuergelder - bezahlt werden.

Ein Zettel mit „Der Dienstweg ist etwas für denkfaule

Mitarbeiter," klebte ironischer Weise am PC-Monitor eines Beamten auf einem Berliner Meldeamt, hatte ich einst zufällig gesehen. Donnerwetter, da war aber einer ganz mutig..... oder gefrustet..... oder wollte seiner Karriere ein Ende setzen.

Aber an dem Sinnspruch ist etwas dran: Wer kreativ ist und einen Blick für Zweckmäßigkeit hat, kann in der halben Zeit mit der Arbeit fertig werden.

Die freie Wirtschaft hat dito Arbeitsplätze bei entsprechender „Qualifikation" zu bieten: Personalchefs sowie Angestellte in Personalabteilungen und Chef-Sekretärinnen zeigen oft ein wahres Konglomerat an gespenstischer Operettenhaftigkeit.

Ebenso die verschiedenen Glaubensrichtungen bieten gleichsam Karrieremöglichkeiten mit sehr strengen Hierarchie-Ordnungen. Wer Angst vor eigener Entscheidungsfreiheit hat und gern devot dient, ist bestens aufgehoben.

Eine weitere Variante, seine seelisch induzierten Launen auszuagieren, ist z. B. VerkäuferInnen zu schurigeln, denn diese können/dürfen sich nicht wehren, weil sie immer freundlich sein sollen; auch und gerade in schwierigen Situationen. Beschweren werden sich diese Nervensägen sowieso über kurz oder lang. Der Kunde ist König, aber ja! Solange er sich auch so benimmt, wie es sich für einen König geziemt.

Mein Tipp an alle Vorgesetzten ihrer derart genervten Mitarbeiter: Schmeißen sie den Kunden raus und verzichten Sie auf diesen Umsatz, gleichgültig, wie hoch er ist. Kein Kunde ist es wert, dass Ihr(e) Mitarbeiter(in) sich erniedrigen lässt! Und wieviel Kosten und Mühen bereitet es, einen gekündigten, zuverlässigen Mitarbeiter zu ersetzen und einzuarbeiten? Stehen Sie hinter ihren Mitarbeitern und sagen und zeigen Sie ihnen das!

Einige „Charakterzüge" sind gesellschaftlich anerkannt, gern gesehen und werden gelobt und prämiert: Kontrollzwang, Ordnungszwang und übertriebener Ehrgeiz werden von Arbeitgebern gern gesehen und (aus)genutzt und als „gute Beispiele" den übrigen KollegInnen vorgestellt.

Als interessant möchte ich hier ergänzend den Symmetriezwang erwähnen: Die Betroffenen leben in dem Zwang, möglichst alles symmetrisch auszurichten, z. B. das Besteck, Schreibtischutensilien usw.. Was zu Anfang auf Außenstehende ggf. amüsant wirkt, kann zu einer echten Nervenprobe werden; für alle Beteiligten inklusive Betroffenem.

Alle diese Verhaltensweisen sind nicht nur psychisch krank und machen das Zusammenleben und -arbeiten zur Hölle, sondern übertragen sich zunehmend auf Andere (auch die eigenen Kinder) und schädigen via Arbeitsausfall bei den Unternehmen plus Kosten bei den Krankenkassen in Milliardenhöhe die Volkswirtschaft. Tendenz seit Jahrzehnten weiterhin steigend. Siehe hierzu die Tagespresse mit den entsprechenden Meldungen und Reportagen.

Noch „besser" und „vorteilhafter" für behinderte Seelen ist es zweifellos, an der Quelle der Gesetzgebung (Legislative) mitzugestalten und eine politische Laufbahn einzuschlagen.

Leider entsteht wiederholt - geprägt durch unsere Medien - der starke Eindruck, dass dies auch via Rechtsprechung honoriert und (ungewollt?) unterstützt wird. „Die Kleinen hängt man, die Großen lässt man laufen." weiß der Volksmund seit Jahrhunderten zu berichten und das kommt nicht von ungefähr.

Dies ist ein weiterer Anreiz für psychisch Deformierte, eine große Karriere hinzulegen, denn dann - so wird einem von der Justiz via Presse suggeriert - könne man sich straffrei alles gestatten, was einem in den Sinn kommt und die moralischen Dunkelgrauzonen gerade noch so abdecken.

73

Kein Richter wird beispielsweise einen Bundeskanzler einsitzen lassen, „nur" weil er vor Gericht einen Meineid geleistet oder die Aufklärung eines schweren Verbrechens behindert oder verschleiert hat (inklusive Beugehaft).

Darauf gebe ich Ihnen mein Ehrenwort!

Können Sie sich einen inhaftierten Bundeskanzler vorstellen?

<u>Ich schon!</u>

Fazit dieses Kapitels:

Seine Taten
verraten
den Psychopathen.

Fallbeispiele

Um die oben genannten theoretischen Erläuterungen etwas aufzulockern und die Praxis anschaulicher zu gestalten, möchte ich in diesem Kapitel vier kurze und hoffentlich kurzweilige Fallbeispiele aus meiner Berufspraxis bzw. von branchengleichen, befreundeten KollegInnen mit Ihnen teilen.

Für den Außenstehenden möglicherweise amüsant, für den unmittelbaren Gegenüber nervenzerfetzend, aber auf alle Fälle „aus der Praxis für die Praxis". Geändert wurden nur die Namen der Personen.

1) Der Fall Steinhuber: ....geht mit schlechtem Beispiel voran.

Herr Steinhuber, Leiter einer mittleren Bankfiliale, etwa Anfang 50, verheiratet, 1 Kind.

Es eilt ihm der Ruf voraus, er ist initiativ betrachtet keine Leuchte und man (die Personalabteilung) hat eine Zweigstelle gesucht, in der er nicht sonderlich aktiv sein muss; heißt: Die Mitarbeiter (Durchschnittsalter um die 40) und der stellvertretende Leiter sind so fit, dass der Laden von allein läuft. Und das tut der Laden tatsächlich!

Den Buschtrommeln, deren Klänge vorausgeeilt sind, macht Herr Steinhuber alle Ehre: Er verbringt seine Zeit am liebsten in seinem Sprechzimmer ganz hinten. Die Tür ist meist geschlossen, damit man (er) das „Elend" (Zitat!) vorn am Schalter und in der Beratungszone nicht sehen muss.

Ein Schreibtisch in Sichtweite der Kunden existiert zwar, ist jedoch meist nur **vor Schalteröffnung**, respektive **nach** Schalterschluß vom Chef besetzt. Sobald die Schalterzeit beginnt, wechselt der Filialvorsteher behände das Domizil ins Refugium Sprechzimmer (Berührungsängste?).

Muss ein Mitarbeiter doch mal während der Öffnungszeiten „stören", um eine Genehmigung einzuholen, bietet sich folgendes Bild:

Herr Steinhuber sitzt gemütlich zurückgelehnt auf einem bequemen Stuhl, studiert mit übereinander geschlagenen Beinen den Tagesspiegel, die Börsenzeitung oder die FAZ und schlürft einen Kaffee mit Milch. (Im Moment des Eintretens verkrampft er sichtlich im Schulterbereich.)

Andere Variante: Es bittet ein Kunde um ein Gespräch.

Hier eröffnen sich zwei Möglichkeiten:

a) Der Kunde ist ihm bekannt und angenehm und man plaudert nett bei einem Kaffee. Da vergeht die Zeit schneller und die Tageszeitung kann bis nachher warten; der Nachmittag ist noch lang.... und das aktuelle Börsengeschehen bietet zusätzlich Kurzweil.

b) Der Kunde ist unbekannt oder hat etwas Unangenehmes fürs Tapet: Man sieht Herrn Steinhuber mit „Muss-das-sein-Miene" sich etwas ärgerlich erheben. Manchmal wird der Mitarbeiter gefragt, ob er das nicht allein in den Griff bekommen kann. Aber der Kunde besteht darauf, den „Chef" zu sprechen. Das ist Pech.... letzten Endes auch für den Mitarbeiter. Warum,* das werden wir später noch sehen.....

Hat sich gar Besuch aus der Chef-Chef-Chef-Etage angekündigt, wird genauestens geschaut, ob der Prospektständer ordentlich aussieht und alle aktuellen Flyer vor Ort sind. Keinesfalls will Herr Steinhuber riskieren, aus seinem refugialen Elysium vertrieben zu werden. Er vertritt die (unausgesprochene, jedoch klar erkennbare) Linie: Nur nicht nach oben hin auffallen; auch nicht positiv.

Der Prospektständer ist selbstverständlich auf dem neuesten Stand, die Gardinen leuchten in strahlendem Weiß und der Azubi ist gekämmt und lächelt, weil: Die Mitarbeiter sind fit und aufmerksam.

Das verlangt Herr Steinhuber auch, und Widerworte und eigene Ideen (seine Worte: „Keine Experimente!" wie 1957 bei der Bundestagswahl zur Adenauer-Ära) werden bei der nächsten Mitarbeiterbeurteilung mit schlechten Punktzahlen geahndet.

Er führt ein kleines* schwarzes Büchlein, in dem alle „Fehltritte" (wie „Kundenbesuche ankündigen") der MitarbeiterInnen vermerkt werden. Selbst die eklatantesten Fauxpas des Personals kann er sich vermutlich nicht merken.

Ein Kunde sprach mich einst an einem sonnigen Vormittag während der Öffnungszeiten in der Filiale an und sagte: „Ich habe ihren Chef gerade am Havelufer mit einer Kamera spazieren gehen sehen. Hat der nichts zu tun?" Tja, was soll man darauf antworten, wenn man loyal und gleichzeitig ehrlich sein will?! Ein gequältes Lächeln gepaart mit einem Achselzucken war meine unsichere Antwort damals.....

Die **sichere** Antwort auf **eine** Frage blieb mir bis heute verschlossen: Wie hat es Herr Steinhuber verstanden, in diese Gehaltsposition aufzusteigen? Eine mögliche Erklärung wäre: Er hatte genauso inkompetente Vorgesetzte.....

Fazit:
Ein gut funktionierender Betrieb kann
mindestens einen Faulen vertragen.

2) Der Fall Krumm: Verkrampft, dass gar die Haare steif sind.

Herr Krumm, mit Direktortitel, Leiter einer etwa 20 Mitarbeiter umfassenden Abteilung im Bereich Firmenkundenbetreuung; mit Firmenwagen und allem Dran und Drum, was dazu gehört. Er ist etwa Ende 30 und verheiratet; soweit war zu hören......und immer etwas steif in den Bewegungsabläufen.

Kinder und Haus mit Garten? Keine Ahnung. Er spricht nicht oder äußerst selten über Privates, zumindest nicht mit den „Untergebenen".

Dann und Wann bedient er sich vokabelweise des englischen Wortschatzes; *very international* klingt das und gebildet. So entgleitet ihm ab und an ganz nebenbei ein „Anyway" oder Ähnliches bei einer Unterhaltung.

Eines jedoch ist ganz sicher: Er vergöttert offensichtlich seinen Chef. Überall und zu allen Gelegenheiten hört man seinen Namen: Herr Jänsch. Was ist der doch toll, und was der alles weiß und kann! Man kennt sich wohl aus Studientagen......alte Seilschaften und so.....

„Da muss ich erst mal mit Herrn Jänsch drüber sprechen!" ist ein beliebter Satz von Herrn Krumm und sichert alle Hintertüren ab, falls doch etwas schief laufen sollte. Dann wär's ja nicht seine Schuld; und Herr Jänsch, na, dem fällt bestimmt was Tolles ein, um doch noch einen Dummen, sprich: Schuldigen, zu finden.

Hat Herr Jänsch Dann und Wann die Abteilung besucht, durfte keinesfalls etwas schiefgehen. Herr Jänsch selbst schien die dauernde Krumm'sche Kriecherei nicht zu schätzen. Die Mikro-Motorik seines Gesichtes ließ diese Vermutung zu. Das sprach für ihn. Ja, ja, das Lecksikon des Schmeichelns ist in Schleim gemeißelt!

Es sei erwähnt, dass Herr Krumm weitreichende Befugnisse und Kompetenzen hat in seiner Position. Besser, man hätte gleich Herrn Jänsch auf diesen Platz gesetzt und sich das opulente Krumm'sche Gehalt gespart; Kollateralvorteil: Kostenersparnis für den Dienstwagen (schwarze BMW-Limo in Luxusausführung).

Auch Herr Krumm mag keine Widerworte von Mitarbeitern hören..... und/oder bessere Ideen, als er sie hat.

Für die attestierte Blasenschwäche eines Mitarbeiters hat er kein Verständnis. Der Mitarbeiter muss leider während längerer Besprechungen - Herr Krumm hört sich gern ausführlich reden* - ein- bis zweimal austreten - und kassiert dafür von einem verärgerten Herrn Krumm im Anschluss einer Besprechung eine Rüge: „Können Sie das nicht vorher oder nachher erledigen?"

Nein, kann er nicht. Er hat bekanntermaßen eine Blasenschwäche. Alle KollegInnen bringen Verständnis auf und können damit umgehen, nur Herr Krumm empfindet es als beabsichtigte Störung und total überflüssig.

*Die Krumm'schen Monologe führten im Allgemeinzustand regelmäßig zu Müdigkeitserscheinungen und geistigen Absencen bei den Mitarbeitern. Hier hatte sich Herr Krumm bereits eine Taktik zurecht gelegt: Im „passenden" Moment ließ er einen Kugelschreiber aus seiner Hand gleiten und recht laut auf den Schreibtisch knallen. Eine respektvollere Taktik wäre sicher gewesen:

a) sich kürzer zu fassen,
b) die Vorträge interessanter für den Zuhörer zu gestalten,
c) Rededynamik zu trainieren, um sich des Zuhörers
   Aufmerksamkeit zu sichern, anstatt die Texte herunter zu
   monotonisieren.

Jedoch: Leuten, die sich gern reden hören, sollte man besser eh nicht zuhören.

Herr Krumm, meist kurz angebunden, telegrammstilartige Anweisungen, meist kühl und unnahbar im Umgang mit den Seinen im Büro und themenfixiert sowie gelegentliches, hyänenhaftes Grinsen, fängt plötzlich an, übers ganze Gesicht zu strahlen. Bisher war das nie zu erleben, schon gar nicht in dieser Ausprägung:

Ein „kleiner" Angestellter hatte ihn gerade auf einer seiner Kurzvisiten von Kundenbetreuer zu Kundenbetreuer sehr höflich gefragt, wie das mit den Direktortiteln im Betrieb sei. Davon soll es doch mehrere geben mit unterschiedlichen Kompetenzen und Möglichkeiten, ...hätte er mal gehört......

Herrn Krumms Augen leuchteten und er begann ausführlich zu referieren. Über den Direktortitel, den er zur Zeit (noch) inne hat, über die filigranen Unterschiede zwischen den einzelnen und welchen er als nächstes ansteuere. Herr Krumm saß auf Wolke Sieben und entschwebte mitsamt der Wolke entrückt dem Raum...... zum nächsten Kundenbetreuer zwecks Visite.

Eines Tages stürzte der Computer im Krumm'schen Büro ab und ein vom Personal vielgenutztes und sehr wichtiges Programm ließ sich bei ihm nicht mehr öffnen.

Ein Programm, welches aktuelle Kontostände liefert, detaillierte Umsätze, Gutschriften, Lastschriften; kurz: alle wichtigen Informationen, um die Geschäftsführung und die Überwachung von Abläufen zu gewährleisten.

Auch eine gewisse Kontrolle der Mitarbeiter bezüglich eingeräumter Kreditlimits und deren Plausibilität war damit gegeben.

Ein Leichtes wäre es, dies wieder in Gang zu bringen: Ein Anruf bei der entsprechenden Abteilung, den er nicht einmal hätte selbst erledigen müssen, denn: Herr Krumm hat eine äußerst fitte und umsichtige Chefsekretärin, wie es sich für einen echten Chef gehört!

Wenn Frau Sandmann eines der Kundenbetreuerbüros betrat, verstummten die Stimmen. Eine Respektsperson, obwohl noch relativ jung und physisch weitgehend unscheinbar.

Aber: Der Anruf bei der Fachabteilung unterbleibt, weil es wohl doch nicht so wichtig wäre. Schließlich habe er ja genug Personal, das diese (niederen?) Arbeiten erledigen kann, wie Salden prüfen etc..

Offensichtlich sollen sich die Mitarbeiter selbst kontrollieren; das blieb so über viele Wochen.....

Das Schicksal wollte es wohl so, dass ein - bis dato absolut integerer - Kundenbetreuer in eine dubiose Kundenverbindung eher unabsichtlich und blauäugig hineinschlitterte, welche die Herauslage immer höherer Kreditlinien auf mehrere Firmen verteilt (jedoch bei demselben Kreditnehmer) vonnöten machte.

Beim geübtem Banker unter den Lesern klingeln wahrscheinlich gerade die Alarmglocken; und das mit Recht!

Das Ganze kam irgendwann heraus und endete vor Gericht (die Presse berichtete). Ein Schaden in siebenstelliger Höhe war entstanden und der Firmenkundenbetreuer konnte noch am Tag der Aufdeckung Koffer, Hut und Mantel nehmen. Karriere beendet, auch privat, wie man ein paar Monate später hörte.

Ein funktionierender Zugriff auf das Computerprogramm des Krumm'schen Rechners und eine vorschriftsmäßige Nutzung hätte das Verhängnis vorzeitig beenden und den Schaden stark begrenzen können.......

Vielleicht hätte sogar der Kollege - mit einer kräftigen Abmahnung versehen - seinen Job behalten können. Was wohl Herr Jänsch zu dem Vorfall gesagt hat.....?

Auch die Krumm'sche Karriere hatte sich von diesem Fauxpas nie gänzlich erholt. Nicht allzu lange Zeit später packte er dann selbst seine Sachen und schied aus dem Unternehmen aus. Natürlich völlig freiwillig. Die Buschtrommeln hatten jedoch Anderes berichtet.....

„Anyway.....“

Fazit:

Hochmut kommt vor dem Fall.

3) Der Fall Dr. Müller: Mangel an Selbstreflexion

Um ein Fehlen an Selbstreflexion als Laie einordnen zu können, sollte man die folgende Begebenheit verinnerlichen:

Herr Dr. Müller, Doktor der Psychologie, Kunde bei einer Bank in Deutschland, knapp 70 Jahre alt:

Er räuspert sich schriftlich beim Beschwerde-Management der Bank, dass er in seiner Zweigstelle von einer Mitarbeiterin nicht mit seinem Doktortitel angeredet wurde. Eine Entschuldigung der Mitarbeiterin und des Filialleiters hatten offenbar nicht ausgereicht, wie später seitens des Leiters zu erfahren war.

Sicher eine Unhöflichkeit, wenn man über das Vorhandensein des Titels informiert ist und ihn absichtlich weglässt. Ich bin überzeugt, dass dies nicht vorkam und ganz bestimmt nicht absichtlich geschah. Entweder hatte die Dame keine Kenntnis darüber oder dies schlicht auf den Kontounterlagen übersehen.

Dass Herr Dr. Müller sehr stolz auf seinen akademischen Grad war, sei ihm zu gönnen. Dies ist zweifellos eine große Leistung. Er wurde beim folgenden Telefonat nicht müde, es immer wieder zu betonen. Schließlich hatte er das Studium und die Promotion erst nach Beendigung seiner beruflichen Laufbahn im siebten Lebensjahrzehnt in Angriff genommen.

Mein erster Gedanke war, als ich von dem Vorgang erfuhr: Aus welchem Grund macht jemand in diesem Alter noch ein Psychologie-Studium, nimmt wahrscheinlich noch einem jungen, aufstrebenden und interessierten Menschen einen Studienplatz weg und promoviert anschließend?

Praktizieren wird er in dem Alter wohl kaum noch......welche Klinik/Praxis stellt einen fast 70-jährigen Psychologen ein? Es sei denn, er macht sich mit einer eigenen Praxis selbstständig. Das war - soweit war zu hören - aber nicht geplant.

Beim Telefonat, das die Klärung des Sachverhaltes bringen sollte, trat Herr Dr. Müller von Anfang an sehr autoritär auf. Eine Entschuldigung der Filiale ist keineswegs für dieses „grobe Vergehen" ausreichend. Eine „höhere" Ebene sollte davon erfahren. Herauszuhören war, dass dies unbedingt ein disziplinarisches Nachspiel haben sollte für die „junge Dame".

Das Beschwerdemanagement bat selbstverständlich nochmals um Entschuldigung und räumte intensiv ein, dass „der Fehltritt" der Mitarbeiterin bestimmt keine Absicht war.

Bei jedem anderen Studienfach, welches in diesem Alter absolviert wurde und dann mit diesem Vorfall auf dem Schreibtisch der Beschwerde-Abteilung geendet hätte, wären mir sicher keine Gedanken gekommen.

Als Psychologe kennt Dr. Müller jedoch deutlich mehr als nur die Grundlagen der seelischen Verformungen und die Verhaltensweisen, in denen sie sich äußern.

An dieser Stelle dürfte eine ordentliche Portion an übersteigertem Geltungsbedürfnis und Narzissmus* zugrunde liegen........, außer der daraus folgenden mangelnden Selbsterkenntnis.

Für mich persönlich (ich bitte um Entschuldigung für diese anmaßende „Beurteilung"), absolut ungeeignet für die Position als Psychologe, der anderen Menschen helfen soll, sich selbst zu erkennen und einer seelischen Gesundung zuzuführen. Hoffentlich hatte er tatsächlich nicht vor, doch noch zu praktizieren.

***Narzissmus** steht alltagspsychologisch und umgangssprachlich im weitesten Sinne für die Selbstverliebtheit und Selbstbewunderung eines Menschen, der sich für wichtiger und wertvoller einschätzt, als urteilende Beobachter ihn einschätzen; wird auch als übersteigerte Selbstliebe und Ichbezogenheit definiert.

Fazit:

***Er sieht den Splitter im Auge des Bruders,
aber nicht den Balken im eigenen Auge.
(Siehe hierzu im Buch der Bücher, Matthäus 7,3)***

4) Der Fall König

Herr König, etwa Mitte 40, Junggeselle, ohne Kinder, stets sehr korrekt gekleidet. Er ist Referent in der Kreditabteilung in der Zentrale, bereitet Kreditanträge der Filialen auf und macht sie entscheidungsreif. Er hat eine eigene Kompetenz zur Kreditgenehmigung im überschaubaren Rahmen.

Man kann ihn als cholerisch-aggressiv bezeichnen und er setzt visuell gern den „Drohfinger" mit erhobener Stimme ein, um Mitarbeiter vor eigenen Entscheidungen zu warnen. Vorschläge und Gedanken der Mitarbeiter werden nicht geschätzt; nur er hat Recht und den Durchblick. Allerdings erwartet er stets ein Mitdenken. Wofür, blieb stets ein Rätsel......

Hin und wieder macht er sich über die Gefühlsregungen der ihm unterstellten KollegInnen lustig. Für ein kleines, putziges Bärchen auf dem Schreibtisch einer Kollegin hat er ein „Wie kann man sich als Erwachsener nur so ein albernes Ding hinstellen" übrig.

Den Kreditberatern der Filialen und den jeweiligen Bankfilialleitern (auch den sehr geduldigen), ist er einem roten Tuch gleich.

Herr König ist als hyperakribisch bekannt. Begegnet man ihm persönlich, hat er stets das gerötete Gesicht „zur Faust geballt". Kaum etwas kann ihn zufrieden stellen.

Gute Laune ist ihm ein Fremdwort; lacht er mal, klingt es verkrampft, aufgesetzt oder hämisch. Für ihn sind der Rest der KollegInnen „alles Idioten" (Zitat!).

Die allgemeine Konversation seinerseits ist herablassend, zynisch und verächtlich sowie partiell fäkalsprachlich eingefärbt.

Herr König hat einen ihm gleichgestellten Kollegen - Herr Bartmann - mit demselben Aufgabenbereich. Er ist ein verbitterter Mensch und ergänzt sich mit Herrn König prächtig in sämtlichen Facetten.

Herr Bartmann und Herr König sind ein hervorragendes Gespann; ..... wenn man auf Geschäftsumsatz **keinen** Wert legt:

In den Filialen - die Kreditberater und Filialleiter tauschen sich innerbetrieblich selbstverständlich aus - werden auch aussichtsreichere Kreditanfragen bereits im Vorfeld abgelehnt. Man scheut die nervenaufreibenden Diskussionen mit Herrn König um des „Kaisers Bart".

Dies hat den Beiden den internen Beinamen „Kreditabwehrkanone" (kurz : KAK genannt) eingebracht.

Und: Einen Kredit ohne Sicherheiten macht man nicht: Am besten neue 100-Euro-Scheine in doppelter Kredithöhe....von wegen der Inflation.

Wer autoritär auftritt,
kann keine Autorität sein.

Wie geht man mit Alltags-Neurotikern um?

Insbesondere Vorgesetzte können - wie weiter oben bereits kurz umrissen - eine echte Plage sein (und heißen wahrscheinlich so, weil sie einem vorgesetzt werden und man sie sich nicht aussuchen kann, was zweifellos besser wäre; das gilt im Grundsatz auch für's Geschäftsergebnis).

Wir wissen bereits, dass Menschen mit neurotischer Störung elementar unsicher, ängstlich und gehemmt sind und sich gegen etwas wehren wollen, was ihnen gar nicht bevorsteht.

Wir als Mitmensch oder Besucher (Kunde, Gast, Mandant, Klient, Patient, Antragsteller) werden gewissermaßen als Feind empfunden, wollen unserem Gegenüber aber nichts Böses; vllt. möchten wir nur eine Auskunft, ein paar Brötchen, ein Hühneraugenpflaster, oder den Rasenmäher repariert bekommen.....

Keinesfalls sollte man provozieren und noch Öl ins Feuer gießen. Dafür sind diese Menschen sehr empfänglich (weil empfindlich; manche scheinen - wie eine Spinne im Netz - nur darauf zu warten), haben eine äußerst sensible Antenne dafür und suchen ggf. bei jeder Silbe unsererseits nach entsprechenden Ansätzen, um ihr Repertoire abzuspulen und ihr Feindbild bestätigt zu bekommen.

Ergo: **Immer** freundlich bleiben, niemals Beleidigungen erwidern und nicht vergessen: **Sie haben es mit einem Kranken zu tun!**

Außerdem ärgert es diese Leute am meisten, wenn man nicht in ihrer „Sprache" kommuniziert.

Eine bemerkenswerte Anekdote aus meiner Dienstzeit in einer Bankfiliale dazu:

Ein Kunde hat sich bei mir über einen Auszubildenden beschwert, weil er (zu?) freundlich und zuvorkommend war. Dies blieb in fast 4 Jahrzehnten ein Einzelfall. Normalerweise beschweren sich Kunden, wenn sie sich unfreundlich behandelt fühlen. Der Kunde war allerdings als „schwierig" bekannt und so hat der junge Mann völlig richtig gehandelt. Immer freundlich bleiben!

Eine weit verbreitete Posse des Volksmundes rät: „Stell' Dir die Leute nackt vor."

Eine gewisse Lächerlichkeit entschärft die Situation; zumindest die in **unserem** Kopf, falls es überhaupt etwas zu entschärfen gab. Ich habe mir im Laufe der Jahre eine etwas andere, aber ähnliche, Szenerie zurecht gelegt:

Ich stelle mir vor, ich bin Mitarbeiter in einer Klinik (meine virtuelle Umwelt) für geisteskranke Patienten. Und diese darf man bekanntermaßen nicht aufregen oder beunruhigen (quasi erstes Gebot, wenn man eine Ausbildung in dieser Richtung macht und mit solchen Menschen umgehen muss).

Deswegen sage ich so oft es geht „ja" und gebe Recht, wenn ich angesprochen werde. Logischerweise tragen einem diese Leute Bitten an, die man nicht erfüllen will, kann oder darf. Wäre auch verantwortungslos, den Schlüssel zur Anstaltsklinik auszuhändigen. Also lässt man die Umsetzung in die Tat einfach weg.

Das ist selbstverständlich nicht immer machbar, aber unsinnige Befehle braucht selbst ein Soldat nicht zu befolgen.

Ein ähnliches Gedankenspiel wäre es, sich statt der oben erwähnten Klinik einen Kindergarten vorzustellen, in dem man der/die Leiter(in) ist. Denn Kinder sind und bleiben wir ein Leben lang; nicht zwingend biologisch, aber familiär betrachtet auf jeden Fall und psychologisch in manchen Fällen (Stichwort

„Infantilismus").

Der Zweck, durch Arroganz, lautem und großspurigem Auftreten, einem großen und schicken Büro einzuschüchtern, ist immer derselbe: Diese Leute haben (meist unbewusst) Angst. So wie ein kleiner Hund laut bellt und nach der Ferse schnappt..... der Angstbeißer.

Wenn Sie selbst eine Beförderung und/oder eine Gehaltserhöhung anstreben, dann loben Sie Ihren Chef oft. Das ist Balsam für seine gehetzte und „unverstandene" Seele.

Aber: Das Ganze muss überzeugend kommen, subtil serviert werden und darf keinesfalls nach Arschkriecherei aussehen.

Eine Karriere beruht im Wesentlichen darauf, jeweils das zu sagen, was Andere hören wollen. Man muss nicht selbst an den Unsinn glauben! Tut man dies, ist man selbst bereits im kranken Kreislauf integriert.

Bürokraten aller Länder vereinigt euch: Die EU....,

....der verlängerte Arm der BRD (Bürokratische Republik Deutschland).

Presseberichte machen wiederholt deutlich, dass Deutschland in der EU immer wieder tonangebend und dominant („dumminant"; siehe oben), ja, teils bevormundend anderen Staaten gegenüber auftritt; insbesondere in Steuerangelegenheiten ist mit Deutschland nicht zu spaßen.

Andere Länder, andere Sitten: Ein Gespräch mit einem hohen spanischen Botschaftsmitarbeiter in Berlin machte mir deutlich, dass Schwarzarbeit in Spanien zwar auch verboten ist, jedoch im Allgemeinen nicht gar zu streng darauf geachtet bzw. dies geahndet wird. Und das hat sinnvolle Gründe:

1) Die Verfolgung bis ins Kleinste (wie z. B. in Deutschland Razzien der Zollbehörde auf kleinsten Baustellen, um nicht registrierte Fremdarbeiter zu entlarven) kostet mehr als dies dem Staat letztlich bringt. Von Abschreckung für künftige Fälle kann kaum die Rede sein. Dies beweisen die ständigen Wiederholungen. Der oftmals beträchtliche finanzielle Schaden, der seitens der Zollbehörden aufgrund teilweise massiver Eingriffe in den täglichen Betriebsablauf angerichtet wird, scheint die Ämter nicht zu kümmern und ist allein Aufgabe des Inhabers, diesen zu schultern.

2) Die erworbenen Gelder aus der Schwarzarbeit führen in Spanien erfahrungsgemäß dazu, dass im Allgemeinen weniger Sozialleistungen in Anspruch genommen werden. Dies entlastet nicht nur die öffentlichen Kassen und Verwaltungsausgaben, sondern sagt auch Einiges über die Anständigkeit der spanischen Bevölkerung aus.

„Es kann aber nicht sein, was nicht sein darf", und so mischen sich

EU und indirekt auch Deutschland in funktionierende Welten ein, die erst zu wackeln begannen, als diese Welten Mitglied der EU wurden.

Während die Vorläufer EWG (Europäische Wirtschaftsgemeinschaft) und EG (Europäische Gemeinschaft) den nachvollziehbaren und absolut sinnvollen Hintergrund hatten, nach dem 2. Weltkrieg wirtschaftliche Verflechtungen und internationalen Handel zu stärken sowie Wirtschaftswachstum und Wohlstand der Bürger zu fördern, wurde 1992 mit Einführung des Nachfolgers „EU" eine Spielwiese für geltungssüchtige Politiker und Regulierungswütige gegründet.

Es sollte dem Vorbild und Prototypen USA mit ihren Bundesstaaten nachgeeifert werden. Man wollte - wie ein kleines Kind - bei den „Großen" mitspielen.

Einige deutsche Politiker träumen von den (Zitat): Vereinigten Staaten von Europa" oder den „USE", für die, die es englisch abgekürzt mögen.

Jedoch - und das wird immer gern von den Verantwortlichen verkannt und verdrängt - haben die USA eine völlig andere Historie. Diese seinerzeit vor einigen hundert Jahren gegründete Staatengemeinschaft USA ist aufgrund der immensen Zuwanderung der letzten Jahrhunderte organisch gewachsen, während die Länder der EU bereits eine feste Identität, Mentalität und Kultur seit Jahrtausenden inne haben und auch pflegen.

Dies ernsthaft unter einen Hut bringen zu wollen, war vom Anbeginn eine Totgeburt und eine Anmaßung an das Ehrgefühl und das Traditionsbewußtsein jedes einzelnen („EU"-) Bürgers.

Das Gebilde und Billionengrab EU war von vornherein ein sinnleeres Konglomerat von zusammengewürfelten Ländern aus monetären Anreizen und eine Bühne für kranke Seelen, sich auszutoben.

Die persönliche Freiheit jedes Staates wird klein geschrieben, und da ein Staat aus seinen Bürgern besteht und nicht nur aus den jeweiligen Vertretern (was von diesen im Allgemeinen gern vergessen wird), beschränkt es auch die Freiheit jedes Einzelnen.

Dies bedingt eine Anpassung bis zur Selbstaufgabe, was bei jedem jeweiligen Inländer für Unmut sorgen muss.

Wen interessiert, wie krumm eine naturgegebene Gurke zu sein hat oder wie groß ein Ei?! Das sollte der Vielfalt der Natur vorbehalten bleiben. Der Markt selbst regelt dies alles nach Angebot und Nachfrage (Erstes Semester, Studium Betriebswirtschaft; EU-Verantwortliche können sicher eine Gasthörerschaft beantragen und sollten davon regen Gebrauch machen!).

Die allzu krumme Gurke bleibt liegen (oder vielleicht auch gerade deswegen nicht), das kleine Ei ebenfalls (oder eben nicht). Beides wird der Händler ggf. nächste Woche nicht mehr anbieten. So einfach und nachhaltig funktioniert Marktwirtschaft!

Alles weitere regeln die DIN-Behörden oder die Industrieunternehmen unter sich. Diese sind dafür am besten geeignet, weil sie über das jeweilige Fachwissen verfügen, eng am Markt sind und sein müssen und sämtliche Erfordernisse kennen.

Den Regulierungsneurotikern ist das jedoch zu unkompliziert und ergehen sich in einer Normen-, Zahlen- und Regulierungswut. Peter Lauster (bekannter dt. Psychologe und Autor) nannte es in seinem Buch „Lassen Sie sich nichts gefallen": „Normenlust".

Individualität wird plattgewalzt, weil nicht berechenbar und das macht diesen paar Menschen Angst, und lassen - wie in vielen anderen Variationen - Millionen und Milliarden Menschen sowie

Natur und Umwelt unter ihrer Meise leiden.

Individualität stört, weil sie nicht steuerbar ist und die daraus entstehenden Handlungen kaum vorhersehbar sind.

Einen immensen Teil ihrer Identität und Individualität hat man den Bürgern der dazu gehörigen Staaten bereits genommen, indem man ihnen ihre Währungen stahl. Kaum ein Deutscher, der nicht „seiner" D-Mark nachtrauert (der sie noch kennt).

Wer wurde gefragt, ob er/sie den Euro möchte? In wirklich wichtigen Fragen werden von der „Führungselite" keine Referenden abgehalten. Sicher wissend, was dabei herauskommen würde und ihrem Durchsetzungswillen im Weg stünde.

Die Schweden waren da deutlich pfiffiger: Sie lehnten 2003 in einem Referendum (!!!) die Einführung des Euros ab. Der allemal neutralen und seit Jahrhunderten unabhängigen Schweiz kann man zu ihrer Politik nur gratulieren.

Allerdings wird - insbesondere durch Deutsche Interventionen - den Schweizern ihr Bankgeheimnis immer weiter madig gemacht und versucht, ihnen ein schlechtes Gewissen einzureden.

Deutschen Politikern, speziell verbitterten Finanzministern, kommt es nicht in den Sinn, dass sich Geld vornehmlich dort zu Hause und sicher fühlt, wo es nicht permanent im Fokus von neidischen Nachbarn und Ermittlern steht.

Und wer sagt uns, dass die seinerzeit von der Bundesregierung unter dubiosen Umständen erstandenen Daten-CDs mit angeblichen Steuersündern nicht auch Adressen von deutschen und/oder europäischen Politikern und „hochrangigen" Funktionären und wichtigen Lobbyisten enthielten? **Wer kontrolliert die Kontrolleure?!**

Es muss eben alles gerecht, planbar und möglichst kompliziert in der deutschen Gedankenwelt vor sich gehen; gleichgültig, was daran alles kaputt geht.

Einen großen Vorteil hat die EU allerdings für die jeweiligen Chef-Politiker eines jeden Landes: Unpopuläre und unbequeme Entscheidungen, die möglicherweise Wählerstimmen kosten, werden auf eine andere Ebene, sprich: auf die anonyme Institution EU abgewälzt/weiterdelegiert/umgeleitet.

Zusätzlicher Vorteil: „Ich" kann dafür nicht zur Verantwortung gezogen werden, denn die EU hat so entschieden, also anonymisiert. Auf diesem Wege hat man immer einen diffusen Prügelknaben parat und ein personifizierter Schuldiger ist dann so greifbar wie ein Schleimaal im Atlantik.

Aber: Dreck, den man unter den Teppich kehrt, ist noch nicht aus dem Haus. Die Kunst des Saubermachens besteht darin, den Schmutz dergestalt zu verteilen, dass er nicht mehr sichtbar ist.

Aber dies ist eine Taktik, die nur eine bestimmte Zeit lang funktioniert. Dies äußert sich z. B. durch die Austrittsüberlegungen einiger Staaten aufgrund eklatanter Unzufriedenheiten und mündet in tatsächlichen Austritten oder Staatsbankrotten. Den Briten kann man nur anerkennend auf die Schulter klopfen wegen des mutigen und mit Sicherheit lohnenden Entschlusses, die EU zu verlassen.

Jeder Austritt bedeutet für das jeweilige Land einen attraktiven Schritt in die (neugewonnene) Freiheit, Unabhängigkeit, Identität, Individualität und Selbstbestimmtheit.

Alles Dinge, die Menschen mit neurotischer Störung ein Leben lang schmerzen und verunsichern. Es sind ideelle Werte, die sich nicht in Geld umrechnen lassen und im Turbo-Kapitalismus entweder keine Rolle spielen oder belächelt werden.... oder beides.

Gleichschaltung ist Trumpf in der EU und die ungewisse Zukunft wird für kranke Seelen etwas berechenbarer und weniger Angst einflößend. Freiheit, Identität und Individualität spielen hier keine Rolle. Unabhängigkeit stört massiv, weil man den Autarken schwer unter Druck setzen kann; siehe Schweiz.

Der Gedanke, dass es eine 100 %ige Sicherheit niemals geben wird, ist für diese Leute unerträglich und wird weitestgehend verdrängt, heißt: Es wird eine Lebenslüge daraus.

Das Pfund haben sich die Briten vorausschauenderweise erhalten; so bleibt ihnen zumindest die Rückumstellung des Bargeldes erspart.

Vollkommen unverantwortlich sind die Stützungsmaßnahmen für in Konkurs geratene Mitgliedsstaaten. Dabei lernt jeder Banker im ersten Semester: „Schlechtem Geld schmeißt man nie gutes Geld hinterher." Bedeutet: Einem Unternehmer, der (so gut wie) pleite ist, gibt man nicht noch mehr Kredit.

Man lässt dieses Unternehmen in Konkurs gehen, weil - die Natur macht es uns vor - faul Gewordenes zerfällt und als Dünger Neues hervorbringt. Zerfiele endlich die EU, würde sie eine Menge Dünger hinterlassen; stinken tut es schon seit Jahren an allen Ecken und Kanten.

Ausschließlich der Markt regelt, was und wer überlebt; Darwins Erkenntnis („Survival of the Fittest") ist auch in der Wirtschaft ein Naturgesetz: Das Starke überlebt, Altes und Schwaches muss weichen. Viele Subventionsprojekte verzerren den Markt und verschleppen Konkurse; Insolvenzverschleppung hat übrigens Straftatbestand mit „Chance" auf Freiheitsentzug. Offensichtlich nicht dort, wo die Eurokraten zu Werke sind.

Wahrlich erstaunlich ist, mit welcher Energie und Vehemenz dieser todkranke Körper mit viel Geld am Leben erhalten wird.

Jedoch andererseits: Würde man die EU auflösen, wäre dies ein Eingeständnis aller an ihr „arbeitenden" Politiker, dass sie etwas falsch gemacht haben. Für seelisch Schwerkranke ein unmöglicher Weg und Gedanke. Und es ist ja schließlich nicht ihr Geld, was dort hineingepumpt und verpulvert wird.

Würde „Berufspolitiker" ein Ausbildungsberuf sein, würden diese unverantwortlichen - und für jeden gelernten und psychisch gesunden Kaufmann von Vornherein sichtbaren - Fehler kaum passieren.

Ewiger EU-Wackelkandidat Griechenland beispielsweise wurde nach einigem Hin-und-Her durch einen nicht mal intelligenten Rechentrick während der Kohl'schen Kanzler-Ära 2001 in die EU gehievt. Das rächt sich nun nachhaltig.

Die EU:

- Ein Projekt, geboren aus Selbstverliebtheit und Machtwahn,
- ein geistig-seelischer Friedhof mit Gräbern selbst geschaffener Handlungsunfähigkeit,
- eine „Hall of Shame" und Ärgernis für jeden Bürger,
- ein El Dorado für seelisch Tote, die Macht ausüben wollen und
- für Menschen, voll von inneren Unsicherheiten und Zwängen;
- geschaffen von gescheiterten Existenzen für gescheiterte Existenzen.....

Hier werden Milliarden an Steuergeldern versenkt, die europaweit Millionen von hart arbeitenden Menschen verdient haben, um sich schließlich - ironischerweise - durch vielfach sinnleere Gesetze und Verordnungen terrorisieren zu lassen.

In letzter Zeit scheint es mit den EU-Entscheidungen partiell sinnvoller zu werden:

a) Man hat erkannt, dass es mit der Plastikvermüllung der

Weltmeere ein Ende haben muss.

b) Dem Insektensterben muss Einhalt geboten werden. Mit der endgültigen Abschaffung/Verbot von Pestiziden/Herbiziden tut man sich allerdings leider noch schwer. Zu viele Lobbyisten hängen lukrativen Zeiten nach. Mal schauen, zu welchem Zeitpunkt sie final erkennen, dass man Geld nicht essen kann....

Merkwürdig, dass einen immer **die** Menschen belehren wollen, die sich selbst nicht im Griff haben.

Auf jeden Fall ist dies nur menschlicher Eigennutz, da sich

a) die Meere mangels Fische nicht mehr ausbeuten lassen, und

b) ohne Insekten kein Obst, Getreide etc. zur Verfügung steht. Hier sind die Insekten eh nur Mittel zum Zweck, damit es den Menschen gut geht. Hingen diese Tierchen nicht im Lebensmittel-Beschaffungskreislauf mit drin, würde sich in den Behördenfluren niemand darum scheren.

Der Schauspieler und Satiriker Dieter „Didi" Hallervorden hat das Thema Politiker, Diätenerhöhung und EU in mehreren Sketchen hervorragend in Szene gesetzt.

Wer hier über den EU-Unsinn zur Abwechslung einmal herzlich lachen möchte, sei ein Sketch aus dem Jahr 2003 mit ihm (Dr. Krümelkack) und Harald Effenberg als „Herr von Sabbeln" empfohlen.

Wir lernen:

Einem Politiker Steuergelder
anzuvertrauen heißt,
Dracula eine Blutbank
bewachen zu lassen.

Warum wir weltweit auf Politiker verzichten können..... und müssen

Wer würde von einem schwer körperbehinderten Menschen physische Schwerarbeit erwarten? Sicher keiner von uns. Von einem solchen Ansinnen würden wir uns entrüstet abwenden.

Wer von uns würde von einer geistig behinderten Person erwarten, dass sie komplizierte mathematische Gleichungen korrekt löst? Sicherlich auch niemand. Dieser Gedanke ist absurd.

Warum also erwarten wir von seelisch Behinderten als vollkommen selbstverständlich, dass sie tagtäglich weitreichende Entscheidungen mit folgenschweren Konsequenzen folgerichtig für uns treffen und uns in allen Lebensbereichen vertreten sollen?

Offensichtlich wir alle und ohne tiefer gehende Bedenken, von den Konsequenzen ganz abgesehen. Ist es eine Art Betriebsblindheit oder siegt die Bequemlichkeit über die Möglichkeit zur Selbstbestimmung?

Jeder Entscheidung, die wir und Andere treffen, liegt die jeweilige, ganz persönliche, seelische Disposition zugrunde. Dies ist genau so untrennbar, wie es undenkbar ist, Berufliches und Privates in Gänze voneinander zu trennen. Es ist eine Illusion und genauso unmöglich, wie ein Blinder Augenzeuge werden kann!

Hierin liegt die Gefährlichkeit, dass jeder, der auch für andere Menschen mitentscheidet - mitentscheiden will und interessanterweise hart dafür kämpft (🔔 **Motiv?**), seine höchst persönlichen Überzeugungen, Neigungen, Abneigungen, Affronts und Vorlieben mit einbringt.

Ein Familienoberhaupt kann mit seinen Entscheidungen und

Handlungen Glück über die Familie bringen, oder die absolute Katastrophe.

Menschen drücken, bewusst und/oder unbewusst, der jeweiligen Entscheidung ihren eigenen Stempel auf. Ein Parlament kann und wird als Bremse dienen, jedoch langfristig niemals den eigenen Willen des letzten Entscheidungsträgers gänzlich verhindern.

Die Türkische Führung ist seit Jahren ein anschauliches Beispiel dafür, Schritt für Schritt ein totalitäres Regime weiter aufzubauen, oder anders: dahin abzurutschen.

Es ist bereits 5 Minuten **nach** Zwölf, weltweit dringend auf ein verbessertes demokratisches System zu wechseln bzw. mancherorts überhaupt erst ein demokratisches System einzuführen.

Kein Politiker wird darüber begeistert sein (**müssen sie ja auch nicht**) und dies massiv mit allen verfügbaren Mitteln und letztlich sinnleeren Argumenten und Schwarzmalerei versuchen zu bekämpfen. Man muss genau zuhören, und sich fragen, was die Substanz dessen ist, was gerade gesagt wurde. Zu 99,9 % werden Phrasen gedroschen..... wie in der Werbung.

Er/Sie sieht die Felle wegschwimmen und fürchtet um liebgewordene Pfründe. Es geht hier ausschließlich um egoistische Motive des „Volksvertreters" und nicht, dass es dem Volk dadurch besser geht. Wer nervenaufreibende Karrierestufen hinter sich hat, wird sich kaum für Andere einsetzen, sondern ausschließlich für sich selbst.

Ein weiteres Problem dieser Art, für den, der Macht für sich beansprucht, sind Volksreferenden. Die Hürden, eines durchzusetzen sind in Deutschland sehr hoch und dies ist durchaus beabsichtigt und hat Methode, die Demokratie auszuhöhlen.

Plausible Gründe sind m. E. nicht ersichtlich, aber darüber kann man reden...... Man muss die Hürden deutlich niedriger ansetzen; um den Volkswillen plausibel darzustellen und zu repräsentieren.

Referenden kommen, könnte man sagen, einer Beschneidung von Kompetenzen gleich und beschränken den absoluten Handlungsradius des zuständigen Politikers bzw. des Gremiums. Er/es kann nicht mehr machen, was er/es will.

Referenden setzen Selbstherrlichkeit, Großmannssucht und Gutsherrenart Grenzen.

Haben Politiker oder Gremium jedoch nichts zu befürchten und kann sich die bisher geleistete Arbeit guten Gewissens (wenn man eines hat) sehen lassen, warum nicht das Volk seine Meinung sagen oder eine Entscheidung herbeiführen lassen? Und wenn Veränderungen in mehr Zufriedenheit münden, um so besser.

Verhinderung demokratischer Entscheidungen durch hohe Hürden zu Volksreferenden stehen m. E. für Anzeichen einer antidemokratischen Gesinnung sowie für einen erfolgversprechenden Versuch, möglichst Wenige in eine Entscheidungsfindung einzubinden. Menschen mit dieser Gesinnung haben in einer Demokratie und in einem Rechtsstaat nichts zu suchen; schon gar nicht im Parlament und auch nicht an der Regierungs"spitze".

Spätestens beim nächsten Wahlk(r)ampf ist die Meinung des Volkes eh wieder gefragt; oder wahrscheinlich doch nicht wirklich und - um genau zu sein - nur am Tag der Wahl. Der Wähler steht im Mittelpunkt und somit im Weg. Tags darauf hat er wieder im Orkus der Bedeutungslosigkeit zu verschwinden. Der Wähler - ein unbequemes Anhängsel der Demokratie.

Kurt Tucholsky wird das folgende Zitat zugeschrieben: „Wenn Wahlen etwas ändern würden, dann wären sie verboten."

Man könnte auch sagen:

Die Möglichkeit, ein Referendum bzw. Volksbegehren bei unseren Österreichischen und Schweizer Nachbarn - uns in Sprache und Kultur weitgehend gleich - zu initiieren, ist deutlich leichter händelbar und recht gut zu durchschauen. (Jeweilige Statistische Bundesämter sowie Bundesverfassungen Schweiz, Österreich und Grundgesetz Deutschland).

Ein Vergleich: Zahlen gerundet; jeweils Stand 2016/2017

<u>Schweiz</u>: 5,3 Mio. Wahlberechtigte; 8,3 Mio. Einwohner; 2,0 Mio. ohne Schweizer Bürgerrecht
    a) **Volksinitiative** beinhaltet das Recht, (**sogar!**) eine gewünschte Verfassungsänderung zu erwirken; 100.000 Stimmberechtigte in 18 Monaten
    b) **Referendum** (Volksentscheid): 55.000 Stimmberechtigte in 100 Tagen

<u>Österreich:</u> 6,4 Mio. Wahlberechtigte (bereits ab 16 Jahren!); 8,8 Mio. Einwohner

a) Von den Initiatoren des Referendums muss ein Zulassungsantrag erwirkt werden, um ein Volksbegehren durchführen zu können. Dieser Antrag bedingt, dass landesweit mindestens 1 Promille der bei der letzten Volkszählung ermittelten Bürger sogenannte gültige „Unterstützungserklärungen" in bestimmten Ämtern vor einem Beamten abgeben müssen; zur Zeit gut 8.000 Stimmen.

b) Danach erfolgt das eigentliche Volksbegehren, wonach

innerhalb einer Woche mindestens 100.000 Unterschriften wahlberechtigter Bürger von den Initiatoren vorzulegen sind (Eintragungswoche).

Deutschland: 61,5 Mio. Wahlberechtigte; 82,8 Mio. Einwohner

Das Verfahren für Volksbegehren ist in Deutschland außerordentlich kompliziert und unübersichtlich. Wer hätte das gedacht?!

Bei Themen, zu denen der Bürger eingeladen und ermutigt sein sollte, mitzumachen, zu gestalten, eigene Ideen einzubringen, werden hohe Hürden aufgebaut, etwas zu durchblicken und durchzuführen. Es scheint eine „Verhinderungstaktik", und letztlich erfüllt dies den Zweck.

Es handelt sich hierbei grundsätzlich um ein dreistufiges Verfahren.

So gibt es auf Länderebene stark variierende Regelungen, die z. B in Hessen und im Saarland seit Gründung der Bundesrepublik derart streng und restriktiv sind, dass es dort bis dato zu keinem einzigen Volksbegehren kam. In anderen Bundesländern sind die Einlassungen weniger streng und werden teils genutzt.

Die Vorgaben, wieviel stimmberechtigte Bürger innerhalb welcher Zeit ihre Stimme abgeben müssen, ist von Bundesland zu Bundesland ebenfalls unterschiedlich. Bisher konnte (wollte?) man sich auf keinen gemeinsamen Nenner einigen.

Des weiteren werden bestimmte Themen grundsätzlich ausgeschlossen (z. B. zur freiheitlich-demokratischen Grundordnung sowie der verfassungsmäßigen Ordnung). Je nach Bundesland gibt es noch weitere Themenkreise, die von einem Volksbegehren ausgeschlossen werden, beispielsweise öffentliche Abgaben, den Haushalt und Dienst- und Versorgungsbezüge.

103

Da hat der Bürger nichts zu melden, obwohl er dies via Steuergelder und diverser Abgaben etc. alles finanziert; und wehe dem, der seine Steuern nicht ordnungsgemäß bezahlt!

Aber man beachte den in Deutschland vielzitierten Satz: „Alle Staatsgewalt geht vom Volke aus." (Art. 20,2 GG). Aus diesem Grund wählen wir vermutlich auch <u>nicht</u> den Bundespräsidenten in Direktwahl.

Offensichtlich traut man dies dem deutschen Bürger nicht zu. Das Argument, dass dies so im Grundgesetz (Art. 54 ff.) steht, kann nicht ernsthaft ziehen. Gesetze sind für die Menschen da; nicht umgekehrt. Ändern lässt sich so gut wie alles, wenn der Wille da ist.....

Das Thema Volksbegehren ist in Deutschland derart komplex und kompliziert, dass es bei Weitem den Rahmen sprengen würde, hier auch nur ansatzweise darauf einzugehen. Es wird bei näherem Interesse empfohlen, Entsprechendes in Eigenregie zu erlesen. Man sollte sich dafür viel Zeit nehmen, ausgeruht sein und gute Laune mitbringen. (Siehe hierzu die zahlreichen Bundes- und Landesgesetze/-verfassungen, Durchführungsverordnungen etc..)

Zumindest in meinem Kopf ist der Eindruck entstanden, dass ein Referendum in Deutschland seitens der Politik wenig erwünscht ist und die Hürden für Abschreckung und Verhinderung sorgen sollen. Liberalität und Bürgernähe sehen so nicht aus.

Einige deutsche Politiker behaupteten gar, dass die Materie, die ein Volksbegehren beinhalten könnte, für den Bürger zu kompliziert sei und schwer durchschaubar ist. Gewichtige Aufgabe der deutschen Politiker wäre es folglich, diese Themen entsprechend aufzubereiten und dem Volk verständlich näher zu bringen.

Man wolle den Bürger quasi vor sich selbst schützen. Ein Schelm, der nicht Bevormundung dahinter vermutet und der Bürger für dümmer erklärt wird, als er tatsächlich ist.

Verfolgt man diesen Gedanken weiter, kann man zu dem Schluss kommen, dass die Bürger Österreichs und der Schweiz klüger sein müssten, denn dort herrscht - siehe oben - ein deutlich liberaleres Recht auf Referenden. Oder die dortigen Politiker können besser mit der Volksmeinung umgehen und trauen ihren Bürgern mehr zu.

Ein schönes und harmloses Projekt für deutsche Politiker, ein Referendum in Deutschland zu „üben", wäre eine Abstimmung über die Abschaffung der Sommerzeit. Aber es scheint zielführender, eine Handvoll parlamentarischer Schwätzer sagen rd. 80 Millionen Deutschen, was sie gut zu finden haben.

Während Jedermann einen Angelschein nachweisen muss, um ein paar Sprotten aus dem Teich zu ziehen, gibt es keine Ausbildung für so verantwortungsträchtige Positionen wie z. B. Bankvorstand und Politiker. Der Banker hat zumindest eine Bankausbildung, jedoch keine staatlich gesicherte und anerkannte Ausbildung zur Menschenführung.

Das kann ohne Examen offenbar jeder machen, weil es nicht so schwer sein kann und leichter ist, als die besagten Fische an Land zu holen.

Doch das ist ein folgenschwerer Trugschluß und so haben wir in diesen Etagen ein Konglomerat an Laien und ahnungslosen - weil psychologisch ungebildeten sowie empathisch unterentwickelten - Stümpern und Amateuren!

„Berufs"politiker sind oft Juristen. Eine Anekdote, die mir einst zu Ohren kam, sagte sinngemäß, dass das deshalb so ist, weil sie sich mit verbalen Verrenkungen mit diesen Kenntnissen am besten juristisch aus dem Schlamassel herausreden können, den sie

105

angerichtet haben. Hier ist die probate „Salami-Taktik" beliebtes Stilmittel.

Und manche(r) ist nicht einmal fähig oder einfach zu faul, eine Doktorarbeit in Eigenregie auszuarbeiten, sondern kupfert lieber ab.

Es ist mir ein dringendes Bedürfnis, Eines zu erwähnen: Die Menschen an der Basis haben in aller Regel sicher ehrenhafte Motive, möchten positiv verändern und Gutes leisten. Leider werden sie oft als Werkzeuge von der Macht skrupellos missbraucht.

Bei den Kommunalpolitikern - auch im Ländlichen - kommt jedoch bereits Machtanspruch ins Spiel, und der vernebelt schon auf diesem niedrigen Level Manchem/r die Sinne.

Ich habe monatelang intensiv überlegt, ob ich an dieser Stelle aktuelle konkrete Beispiele von Fehlentscheidungen unserer „Führungselite" aufführen sollte. Bin aber letztlich zu dem Ergebnis gekommen, dass ich mich dann auf das Niveau von Eier- und Tomatenwerfern begeben würde und habe (hier) darauf verzichtet.

Nach wenigen Monaten sind die Fehltritte vergessen, denn nichts und niemand hat ein so schlechtes Gedächtnis wie die Öffentlichkeit.

Und zum (Un)Glück sorgen die Politiker weltweit immer wieder und zuverlässig für neue Peinlichkeiten und **trump**eln von einer Peinlichkeit in die nächste, so dass es nie langweilig wird und sich die Vergangenheit ständig wiederholen darf; in anderen Schattierungen zwar, aber nicht mit weniger Schaden.

Die Tagespresse bietet dafür ständige Aktualität und Unterhaltung über die geballte Inkompetenz in Vorstands- und

Regierungskreisen.

Selbstlosigkeit, Altruismus und Stärke sucht man hier vergebens oder findet sie äußerst selten.

Außerdem: Wer wird sich in 20, 30 oder 40 Jahren schon an irgendwelche Kohls, Merkels, Wulffs oder Schäubles erinnern?! Allenfalls ein Geschichtslehrer wird seine gelangweilten Schüler mit ewig Gestrigem malträtieren.

Kaum einer der jungen Leute wird ernsthaft Interesse daran haben, sich mit Adenauers, Strauß' und Stoltenbergs zu beschäftigen. Wer war das doch gleich.....?

Machtmenschen haben quasi ihre Kindheit mit der Pubertät nie abgeschlossen, respektive bewältigt, und setzen sie jenseits derer fort.

Sie sind in dieser Hinsicht bereits **von Anfang an als gescheiterte Existenzen zu betrachten. Wer sich also um einen verantwortungsvollen Posten energisch und intensiv bemüht (🔔 <u>Motiv?</u>), der hat sich bereits dafür disqualifiziert und darf keinesfalls dafür in Frage kommen.**

Denn er/sie wird zweifellos stets die eigenen egoistischen Präferenzen im Hinterkopf haben.

Somit kommen wir zu den vorgeschobenen „edlen" Motiven, die uns vollmundig serviert werden.

Selbstverständlich werden uns die Kandidaten nicht erzählen, dass sie in aller Regel nur ihr persönliches Wohl und Wehe vertreten; wer würde sie dann wählen?!

Der bekannte deutsche Komiker Otto Waalkes hat dies in einem seiner Sketche bereits in den 70er Jahren sehr deutlich und treffend - wenn auch satirisch - erkannt und beschrieben. Auf die fiktive Frage: „Wo ich politisch stehe?": ....wird geantwortet: „Hauptsache, ich komm' gut rein, sitz' fett drin und brauch' nich' wieder raus!" Herr Waalkes hat dem Volk „auf's Maul geschaut".

Warum gelingt ihm das, was eigentlich unserem Führungsgremium gelingen sollte? Die Antwort ist denkbar simpel: Er ist seelisch voll auf der Höhe!

Herr Waalkes wird sich deshalb freilich niemals als Bundeskanzler oder Präsident zur Wahl stellen; in den USA könnte er aber als Komiker mit einem solchen Anliegen grundsätzlich eine Zukunft haben.

Üben tun die US-Amerikaner bereits seit der Wahl von Herrn Trump.

Als Image-Politur bekommt der Wähler zu hören, dass sich der Kandidat natürlich mit ganzer Kraft und selbstlos dafür hergibt und einsetzt, das Wohl des Volkes zu vertreten und zu mehren.

Sinngemäß Dies und Weiteres sagt auch der allgemein übliche Amtseid aus. Ein Wunder, dass so Manchem nicht während des Schwurs die Bibel Löcher in die Hand brennt (sofern mit religiöser Variante geleistet).

Im Laufe meiner privaten Studien hat sich die Betrachtung der Weltordnung in meinem Kopf von oben nach unten umgekrempelt und es ist vollkommen klar geworden:

Die Gosse befindet sich mitnichten längs der Straße mit ihren zwielichtigen Gestalten, sondern hat bereits vor mehreren tausend Jahren in den Palästen, Regierungssitzen und Führungsetagen weltweit Einzug gehalten. Nicht nur, was das Luxusleben anbelangt, sondern von der inneren Einstellung, miteinander umzugehen und umgehen zu lassen.

Die Decke der Zivilisation, die den Menschen umhüllt, ist äußerst dünn. Ein nur hauchfeiner Kratzer bringt den Primaten in uns wieder in Gänze zum Vorschein. Und so auch der Eindruck, der sich im Laufe meiner autodidaktischen Studien immer weiter verstärkte:

Wir alle sind letztlich nur Primaten, die sich mehr oder weniger schick kleiden und sich gegenseitig Dinge verkaufen, die niemand wirklich braucht. Ein lächerliches Bild.....

Nach dem, was man in den TV-Berichten zu sehen und zu hören bekommt oder in der Zeitung lesen kann, kommt es zumindest mir vor, als wenn sich betrunkene Schimpansen ständig gegenseitig mit Kot bewerfen.

Ein Augiasstall eben..... und wie der Norddeutsche gern sagt: „Der Fisch stinkt am Kopf zuerst!"

Übrigens: Welchem Schimpansen geben Sie bei der nächsten Wahl Ihre Stimme?

Leute, die gelernt haben,
sich gut zu verkaufen,
haben meist selbst nichts zu bieten.
(Dt. Sprichwort)

Was Macht macht

"Macht" heißt die Bühne, auf der seelisch Behinderte ihre Neurosen ausagieren. Sie ist - bildlich gesprochen - eine Krücke, um eine kranke Seele am Laufen zu halten. Hierzu bedarf es vorzugsweise eines legalen (rechtlich erlaubten oder tolerierten, was jedoch nicht rechtens sein muss) Rahmens, um sich ungestraft austoben zu können.

Macht erlangen und besitzen zu wollen ist eine Verhaltensstörung, die auf dem Prinzip beruht, möglichst vielen Menschen den eigenen Willen aufzwingen zu können, weil ihre eigene innere Unsicherheit sie dazu antreibt.

Deshalb gehören psychisch Kranke nicht ins Parlament oder auf den Chefsessel, sondern zu einem erfahrenen Verhaltenstherapeuten in die Arztpraxis.

„Seine Taten verraten den Psychopathen" schrieb ich weiter oben. Mit ein wenig Übung kann man lernen, Menschen mit guter „Trefferquote" zu durchschauen. Es ist so, als ob man eine neue Sprache lernt und außerordentlich nützlich.

Das haben auch Staatslenker für sich erkannt:

Führende Politiker aus vielen Ländern lassen sich von Seelenkundlern Psychogramme anderer Regierender erstellen. Dies kann in Gesprächen auf „hoher" Ebene lohnend sein, zu erfahren, was es hinter den gesprochenen Sätzen tatsächlich zu wissen gilt.

Profiler in der Kriminalistik machen nichts Anderes: Sie versuchen - und das oft erfolgreich - von der Tat und den äußeren Umständen auf den Täter und dessen Seelenzustand zu schließen. Und somit z. B. auf eine eventuelle nächste Tat, die den Täter überführen könnte.

Ähnlich, wie sich Trainer von beispielsweise

Fußballmannschaften akribisch Aufzeichnungen von Spielen ansehen, analysieren und Gegentaktiken erarbeiten, erstellen Psychologen z. B. aufgrund Gestik, Mimik (Körpersprache) und Wortwahl eine Einschätzung über Unsicherheiten und Fertigkeiten etc. einer Führungsperson. Die nächsten Staatsempfänge oder diplomatische Gespräche werden u. A. so vorbereitet.

Möglichst gar nichts ist dem Zufall zu überlassen und soll Macht erhalten, oder besser noch ausbauen; ein permanentes gegenseitiges Belauern. Dazu gehört auch Informationsvorsprung durch Abhören von Telefonaten, Ausspähen von Emails, Kontrolle über Bewegungs- und Verhaltensmuster usw..

Das unregelmäßige Aufflammen der Diskussionen über die Abschaffung des Bargeldes gehört gleichfalls zum Ideenreichtum der Zwangsneurose Kontrollsucht. Als allseits beliebtes Stilmittel dient dabei der Dauerprügelknabe „Geldwäsche", der seit den Ereignissen des 11. September 2001 für jede Schwarzmalerei herhalten muss und es nun rechtfertigt, jedem Sparer genauestens auf die Finger zu sehen und zu kriminalisieren.

Die allgegenwärtige Kontroll- und Datensammelwut von Behörden wie z. B. Bundesnachrichtendienst und Unternehmen, an die wir uns bereits gewöhnt zu haben scheinen und dabei Datenschutzbeauftragte zahnlose Tiger darstellen (z. B. der millionenfache Datenmissbrauch der Einwohnermeldeämter zum pauschalen Adressabgleich zwecks Eintreiben der GEZ-Gebühr), gehen auf seelische Schwäche und Unsicherheiten ihrer Lenker und Manager zurück.

Informationsvorsprung bietet eine gewisse Sicherheit. Habgier ist ein Teil davon und soll ebenfalls psychisches Manko ausgleichen, weil sich daraus trefflich Kapital schlagen lässt (z. B. Verkauf von Adressen und Konsumenten-Verhaltensmuster zu Werbe- und Akquisitionszwecken).

„Macht macht krank", heißt es in der Literatur. Wer Macht hat,

will stets mehr, und **ist** bereits krank. „Macht macht noch kränker"
passt besser. Auch wer noch keine Macht hat und welche will, ist
bereits krank, denn ein psychisch Gesunder kommt nicht auf die
Idee, danach zu streben.

Dies verbietet sich schon aufgrund seiner inneren Fülle und
Selbstsicherheit. Er hat es nicht nötig, sich Andere untertan zu
machen, weil er einer von ihnen sein möchte bzw. ist.

Einer seelisch gesunden Person würde niemals in den Sinn
kommen, einen Krieg zu provozieren oder gar zu beginnen.

Machtmenschen sind grundsätzlich Gewaltmenschen (die von
Politikern wiederholt benutzte Forderung und Phrase der
„brutalstmöglichen Aufklärung" bei Aufdeckung von Missständen
- oft der eigenen Klientel - offenbart deutlich diese Prägung); die
intelligenteren unter ihnen bedienen sich allerdings des Terrors
und der Zwänge mit „legalen" Mitteln, wie entsprechende
Gesetze. Auf diesem Weg leben sie legal ihre Aggressionen aus,
während sich der Normalbürger nur auf der Straße austobt und
dafür bestraft wird.

Zunehmende Gewaltbereitschaft in Deutschland z. B. gegenüber
anderen Religionen sowie Ausländerfeindlichkeit etc. haben wir
nach meinen Gesprächserfahrungen vorwiegend der „gelebten und
ignoranten deutschen Politik der Ewig Gestrigen der letzten fünf
Jahrzehnte zu verdanken".... (Zitat eines Gesprächspartners);
neben der permanent zunehmenden Verrohung der TV-
Programme, um „konkurrenzfähig" zu bleiben.

Kaum ein Krimi, in dem der ermittelnde Kommissar nicht seine
Nase in die Wunde steckt, die der Pathologe gerade ausweidet.

Ich habe im Laufe der letzten 30 Jahre mehrere tausend Gespräche
mit Menschen aller Gesellschaftsschichten geführt, (in diesem
Zusammenhang Menschen **ohne** Migrationshintergrund).

Viele Deutsche haben Furcht vor Überbevölkerung, vor

Überfremdung, Kulturveränderung (z. B. Minarette in vielen deutschen Städten) und Straftaten, die aus fremdländischen Religionsauffassungen und Mentalitäten resultieren.

In der Schweiz wurde übrigens ein Volksreferendum abgehalten, ob Minarette gebaut werden dürfen. Die Bevölkerung hat dies im Jahr 2009 abgelehnt. Seitdem ist ein Bauverbot für Minarette in der Schweizer Bundesverfassung verankert.

Des weiteren ständige Einschränkung der Meinungsfreiheit (beispielsweise durch sog. „Antisemitismus"vorwurf).

Bei den Politikern stößt die deutsche Bevölkerung offensichtlich auf taube Ohren und es werden weiterhin seit Jahren immer mehr kulturfremde Menschen ins Land gelassen. Auf diese Weise dürften nahezu ausschließlich deutsche Politiker aller Ebenen dafür verantwortlich sein, dass Ausländerfeindlichkeit in Deutschland geschürt und angefacht wird.

Das Ergebnis eines deutschen Volksreferendums beispielsweise zu Themen wie „Der Islam gehört zu Deutschland", Minarettbau, Kopftuch/Burka im öffentlichen Raum wäre doch recht spannend.

Es wundert deswegen nicht, dass sich Aggressionen irgendwann Bahn nach außen brechen und sich gegen die entsprechenden Menschen (psychologisch betrachtet „Feindbilder") richten und gegen die, welche dann die öffentliche Ordnung wiederherstellen sollen.

Zunehmende Gewaltbereitschaft gegenüber Polizeibeamte ist seit Jahren regelmäßig Thema in allen Medien. Die Aggression gegen die verantwortlichen Politiker, denen man aufgrund permanenten Personenschutzes nicht habhaft werden kann, wird auf die Polizeibeamten projiziert, dienen also als Prell- und Sündenbock zum Frustrationsabbau einer mißgeleiteten Politik, welche am Volkswillen trotzig vorbei re(a)giert.

Die ansteigenden Gewaltdelikte während Fußballspielen in den

Stadien sind „willkommene" Gelegenheiten, derartige Aggressionen auszuleben. Dies ist freilich eine Interpretation, aber eine plausible, die ebensowenig simpel widerlegt wie endgültig bewiesen werden kann.

Meine Prophezeiung: Wird der Unwillen im Volk weiterhin von deutschen Politikern ignoriert, brisante Themen (wie z. B. eine überschaubare Ausländerpolitik) endlich nachhaltig anzugehen und diese Probleme im Sinne des eigenen Volkes zu lösen, wird es zu immer stärkeren Ausschreitungen mit zunehmender Gewaltbereitschaft und -anwendung kommen, welche in bürgerkriegsähnlichen Zuständen münden. (Chemnitz, August 2018). Eskalation ist hier als Verzweiflung zu verstehen, die sich gegen volksfremde - vielleicht gar volksfeindliche - Politik Bahn bricht.

Bildlich gesprochen zeigt man vorwurfsvoll mit dem Finger auf den Hund, der jahrelang grundlos von seinem Herrn geprügelt wurde und der sich nun mit Bissen gegen seinen Peiniger wehrt.

Diese Dinge weiterhin bequem auf einige wenige „Chaoten" zu projizieren, die versuchen, eigennützig Unruhe zu stiften, wird immer weniger glaubhaft gelingen. Unzufriedenheit mit den allgemeinen Verhältnissen werden auch im Grunde friedliche Mitbürger auf den Plan rufen, ihrer angestauten Wut freien Lauf zu lassen und sich der frustrierten Masse anzuschließen.

Ein zufriedener Bürger geht nicht auf die Straße, um zu demonstrieren oder sich zu Gewaltaktionen hinreißen zu lassen.

Das allgemeine Rechtsempfinden wird in dem Moment kippen, wenn die Bürgergewalt (die eigentliche und einzige demokratisch legitimierte Rechtskraft eines Staates) erstmals stärker ist, als die „Staatsgewalt" in Form der polizeilichen Gegenwehr, welche im Grunde nur missbraucht wird, um die Interessen einiger weniger

Machtneurotiker und Lobbyisten zu schützen.

Im Moment des „Kippens" der alten Zustände wird nicht selten aus Unrecht Recht und aus Recht Unrecht; es kommt jeweils nur auf die Blickrichtung bzw. Volkes Wille an.

Dies ist zudem der geeignete Zeitpunkt für „Wendehälse", die Marschrichtung zu ändern. Ein schlechtes Gedächtnis ist hier von Vorteil.

Leider wird von Politikern nie wirklich bzw. nachhaltig hinterfragt, was der Grund für die gewalttätigen Ausschreitungen ist oder sein könnte. Zumindest entsteht der Eindruck.

Bewegt man sich innerhalb eines Systems, wird man selten einen Wandel herbeiführen. Systeme sind in aller Regel derart konstruiert, dass sie sich selbst schützen, sonst wären es keine Systeme oder keine langfristig überlebensfähigen.

Aus diesem Grund sind Referenden in Deutschland m. E. nur schwer durchführbar (siehe hierzu die Ausführungen im vorherigen Kapitel).

Möglicherweise möchten sich unsere „Volksvertreter" nicht ernsthaft mit diesen brisanten und unbequemen Sozialthemen beschäftigen und kehren die wirklichen Gründe unter den Teppich. Wie leicht kann man sich daran Mund und Finger verbrennen und man möchte doch seine Karriere erfolgreich fortsetzen.

Wenn überhaupt ein „Ergebnis" seitens der Politik kommt: Härtere Strafen fordern, die allerdings auch nicht beeindrucken. **Übrigens**: Die Todesstrafe in anderen Ländern hält gleichsam niemanden vom Morden ab, weil jeder Täter selbstverständlich davon ausgeht, nicht überführt zu werden.

Wer braucht und will eigentlich Macht? **Mit diesem Anspruch werden wir nicht geboren.** Was sind das für Menschen und 🔔! was soll damit bezweckt werden?

Macht(streben) ist ein klares Zeichen für innere Unsicherheit, meist basierend auf Ohnmachtsgefühlen, die in frühester Jugend erworben wurden. Siehe hierzu die Ausführungen unter „Jeder ist das Opfer seiner Erziehung".

Wer Macht hat, kann Andere zuverlässig nieder halten und sich im Idealfall zudem anderer Institutionen bedienen (z. B. Polizeiapparat, Militär) und zusätzlich selbst ganz direkt an Gesetzentwürfen mitgestalten.

So kommen beispielsweise Steuergesetze zustande, die den Normalverdiener proportional betrachtet oft deutlich mehr belasten als den Großverdiener (trotz Progressionstabelle).

Logisch, denn die „Macher der Gesetze" (selbst Gutverdienende) entscheiden partei- und gremienübergreifend weder kontra sich selbst noch kontra Lobby & Co.. Wer sägt schon freiwillig an dem Ast, auf dem er sitzt?! **Beispiel:** Thema Vermögenssteuer und das ständige Salbadern über die (Nicht-)einführung.

Zudem birgt Macht ein hohes Suchtpotential. Insbesondere ältere Herren jenseits der 70 lassen sich gern immer wieder mit der Droge „verantwortungsvolle Position" versorgen, sprich: wählen, während der Normalverbraucher-Arbeitnehmer heilfroh ist, wenn er mit 60, 63, 65 oder 67 Jahren endlich in Rente gehen darf.

Ein Arbeitsleben macht einen Menschen meistens so platt, dass er danach nur noch Eines haben möchte: Seine Ruhe und vielleicht ein paar Nettigkeiten im Alter, falls die Höhe der Rente dies gestattet.

Daraus folgen mindestens zwei Betrachtungsmöglichkeiten, immer unsere eigenen Väter/Mütter, Groß- und Urgroßeltern vor Augen:

a) Der Job als wiedergewählter Senior kann so anstrengend nicht sein, da insbesondere physische und auch geistige Potenzen und Dispositionen jenseits der 70 in aller Regel rapide nachlassen.

b) Sollten die besagten Reserven tatsächlich noch vorhanden sein, wurden sie offensichtlich in den bisherigen „verantwortungsvollen Positionen" nicht aufgebraucht. Man könnte dann mit Recht annehmen, dass ein Leben als Maurer oder Büroangestellter deutlich anstrengender ist, als ein Leben als „Spitzen"politiker.

Vermutlich haben sie dann für „ihr" Volk doch nicht soviel (uneigennützig) gegeben, wie sie uns immer weiß machen wollen. Aber dafür gibt's ein Bundesverdienstkreuz. **Diesen Orden sollte besser der Maurer erhalten!**

Auf einen Strohmann, der letztlich nur noch zu Repräsentationszwecken zu gebrauchen ist und auf Parteitagen im Gestühl neigt einzu(k)nicken, jedoch aus Steuergeldern fürstlich bezahlt wird, kann jedes Volk leicht verzichten.

Ein weiteres Phänomen:

Interessant zu beobachten ist, dass zu allen Zeiten menschlichen Herrschens (und Versagens) große Protz- und Prunkbauten eine eklatante Rolle spielten und dies immer noch tun: **Paläste sind Machtsymbole** (außen dickwandig und innen hohl, wie die meisten ihrer Nutzer und Betreiber).

Gigantomanie (Größenwahn) war zu allen Zeiten der Menschheitsgeschichte ein prägnantes und prägendes Markenzeichen schwächelnder Seelchen ihrer Auftraggeber (siehe auch Flugzeug- und Schiffbau).

Zum Einen, um zu repräsentieren („Guck mal, was ich Tolles habe!", also wie im Sandkasten; siehe Infantilismus), zum Anderen, um einzuschüchtern. Hohe, dicke Mauern und prunkvolle Türme sollen dem Anderen zeigen, dass er hier nichts zu melden hat.

Einschüchterungspotential haben die Gemäuer allerdings nur bei solchen Menschen, die ähnliche Seelendefizite haben wie die Bewohner selbst. Eine gesunde Psyche lässt sich durch kunstvoll aufeinander gestapelte und behauene Steinquader nicht beeindrucken.

Gleichzeitig schützen die Mauern das angehäufte Vermögen und zeigen - natürlich ungewollt - die hohe innere Verletzbarkeit des Bewohners oder Eigentümers.

Beispielsweise die Errichtung der Pyramiden, welche zweifellos architektonische Meisterwerke waren und sind, sowie weitere imposante Bauwerke, die oft Teil der antiken „Sieben Weltwunder" sind, erfüllen kaum einen anderen Zweck.

Als der Klerus bis vor wenigen Jahrhunderten noch große Macht und Einfluss hatte und gar von Kaisern und Königen gefürchtet wurde, konnten die Gotteshäuser oft nicht groß genug und die Türme nicht hoch genug sein.

„Das größte und schönste Haus soll dem **Herrn** geweiht sein." Das sei ihm zu gönnen, jedoch: **Er** ist seelisch vollkommen, weise und folglich bescheiden, dass er zweifellos auch mit einer kargen Hütte vorlieb nehmen wird.

Dombauten sind in erster Linie nicht für den Herrn errichtet, sondern für diejenigen, die ihn predigen. Gott benötigt keine Prachtbauten, er braucht nicht zu beeindrucken. Dies ist eine höchst menschliche Schwäche.

Siehe hierzu die Presseberichte aus dem Jahr 2014 bezüglich der völlig überzogenen Baukosten am Dom zu Limburg. Auch ein Bischof ist nur ein Mensch und kann dem Prunk erliegen.....

Eitelkeit und Habgier gehören zu den Sieben Todsünden. Hier die Frage nach der Eignung für das priesterliche Amt.

Wer sich jemals mit dem Pomp des Vatikans beschäftigt hat und den Milliardenwerten, die er beherbergt - vielleicht dort gar einen Besuch machte - fragt sich möglicherweise: „Wozu das alles? 🔔! Wieviel Hunger und Elend in der Welt könnte der Gegenwert lindern?"

Übrigens: „Papst sein" ist nur die oberste Sprosse einer weltlichen Karriereleiter....

Das „Tausendjährige Reich" kann mit ähnlichen Beispielen aufwarten: Die Reichskanzlei sowie die „Germania"-Pläne, aus Hitlers Größenwahn geboren und Architekt Albert Speer in Planungsarbeit gegeben.

Die Nachfahren und neuzeitlichen Klassiker aller Prunk- und Protzgebäude sind die Spiegelkathedralen der Bank-, Auto- und Versicherungsbranche. Keine Bank, kein Versicherungsunternehmen und kein Autokonzern benötigt für seriöse Geschäfte schillernde Fassaden und Glaskuppeln. Diese werden dadurch nicht seriöser - das Gegenteil scheint der Fall zu sein.

Die Instandhaltung (oder auch „nur" Leasingkosten) der fragilen Fassaden kostet immense Summen, die letztendlich in die Konto- und Depotgebühren einkalkuliert werden, respektive in die Versicherungsprämie. Wir alle finanzieren dieses nutzlose und neurotische Blendwerk.

„Wie kann man nur die Bauten des Vatikans bzw. Gotteshäuser, des III. Reiches und die großer Wirtschaftsunternehmen in nur einem Atemzug abhandeln?", fragt sich vielleicht so Mancher brüskiert.

Ja, wie kann man nur?! **Antwort:** Es gehört psychologisch betrachtet zusammen; und das bar jeder Umstände; und es sind Machtzentralen!

Das Beispiel mit den Gebäuden zeigt, dass sich innere Welten nach außen spiegeln und dort etwas bewirken: Die Architektur und der Aufbau der äußeren Welt. Diese kann von den Mitmenschen als gefühlsmäßig normal, aber auch als krank empfunden werden.

Mauern im Kopf bedingen physische Mauern (z. B. Mauerbau der ehem. DDR, geplanter Mauerbau USA/Mexiko). Wer innen ängstlich und unsicher ist, und sich im tiefsten Innern zerbrechlich fühlt, wird dicke Mauern bauen und hohe Gartenzäune ziehen (statt eines hübschen Jägerzaunes), einen scharfen Hund halten und Videoüberwachungssysteme installieren; und möglicherweise eine Schusswaffe in der Nachttischschublade bereit halten.

Der Volksmund sagt sinngemäß, „Wenn Du wissen möchtest, wie es im Kopf eines Menschen aussieht, sieh dir seinen Speicher (oder Keller) an." Der Garten und die Schubladen des Schreibtisches gehören dazu.

Ein weiteres Indiz seit Jahrtausenden gelebter seelischer Schwäche:

Neben Besitz und Macht entfernen und entfremden Titel und herrschaftliche Anreden die Menschen voneinander. Sie manifestieren gesellschaftliche Unterschiede und stellen eine Form dar, sich selbst aufzuwerten, vom „gewöhnlichen" Menschen abzugrenzen und abzuheben; eine Art des Ausgleichs (Kompensation) von Berührungsängsten.

Titel und herrschaftliche Anreden sollen einschüchtern und lassen erwarten, dass sich der „Rangniedere" respektvoller oder gar unterwürfig nähert. Dies ist insbesondere in Amtsstuben heute noch erlebbar, sitzt fest in den Köpfen Aller und ist oft angewandte Praxis.

Anreden wie akademische Grade, Direktor, Oberamtsrat, Exzellenz, Eminenz, Graf, Herzog, „Königliche Hoheit" usw. sagen per Saldo kaum etwas über den „Wert" einer Person für die **gesamte** Gesellschaft aus bzw. über persönliche Verdienste; möglicherweise partiell etwas über den Bildungsgrad.

Ererbte Titel geben allenfalls Auskunft darüber, ob jemand „mit einem Goldenen Löffel im Mund geboren" wurde, ohne jemals etwas Verdienstvolles dafür geleistet zu haben; Letzteres trifft schwerpunktmäßig auf Monarchien zu.

Im Gefüge einer seelisch gesunden Gesellschaft und des Miteinanders sind Floskeln wie „Herr Direktor" oder „Euer Gnaden" überflüssig und vor der Lupe eines psychisch Gesunden lächerlich.

Machtmenschen, gleichgültig, ob sie in der Wirtschaft oder in der Politik tätig sind, verdienen nicht unsere Wählerstimmen, **sondern unsere volle therapeutische Aufmerksamkeit und Betreuung, unser Mitgefühl und die Fürsorge eines erfahrenen Psychologen......** und man sollte sie niemals in Positionen hieven, in denen sie Gelegenheit bekommen, folgenschwere Entscheidungen zu treffen.

Wahlen bewirken tatsächlich nichts, weil die Grundlage aller Ausführungen und Entscheidungen immer ein kranker Machtmensch ist mit seinen verbogenen Seelenlinsen und -prismen.

Der Wähler und die Partei, in der er/sie Mitglied ist, <u>spielen dabei nicht die geringste Rolle</u>. Diese ist nur Mittel zum Zweck, um eine geeignete Position zu ergattern..... genauso, wie die Staats- Herrschafts- und/oder Gesellschaftsform unerheblich ist: Aristokratie, Demokratie, Diktatur, Kapitalismus, Kommunismus.

Sämtliche Erscheinungsformen der menschlichen Regierungskonstrukte spülen i. a. R. die aufgrund ihrer seelischen Unreife und psychischen Entstellungen jeweils dafür ungeeignetsten Personen nach ganz „oben".

Dort können dann ungestört Herrschsucht und Eigennützigkeit ausgelebt werden. Eine Karriere „lohnt" sich demzufolge nur für Menschen mit krankem Gemüt.

Diese Narzissten sind sich selbst genug. Sie lieben nur sich selbst und betrachten in höchster Ausprägung der Fehlstellung ihrer Psyche „den Rest der Welt" als unwerte Masse Mensch;

Menschenmaterial eben, das man ausbeutet bis zur Erschöpfung und schlußendlich auch in den Krieg schickt, um seine eigenen primitiven Interessen durchzusetzen und zu befriedigen.

Übrigens kursiert eine Verschwörungstheorie, die besagt, dass von den selbsternannten „Oberen Zehntausend" dieser Welt beabsichtigt ist, die Anzahl der Erdenbürger bis zum Ende dieses Jahrhunderts um mehrere Milliarden zu dezimieren. Einige hundert Millionen sollen (dürfen) bleiben, um der Elite ein feudales Leben zu gewährleisten.

Es darf darüber philosophiert werden, ob an dieser Mär etwas dran ist; undenkbar ist es nicht, schaut man sich das Gebaren vieler Staatsoberhäupter und Wirtschaftmogule an.

Obwohl:

Eine Reduzierung der Bevölkerung ist gut für die Entlastung der Ressourcen des Planeten Erde; der Mensch kann und darf als evolutionäre Sackgasse bezeichnet werden:

Trotz seines Verstandes (wie er es nennt) vernichtet er sich langsam und sehenden Auges selbst, ohne ernsthaft, konsequent und nachhaltig etwas dagegen zu unternehmen.

Der Verstand ist letzten Endes mehr Fluch als Segen; er führt in die Selbstvernichtung, weil er relativ simpel zu manipulieren und anfällig ist für die besagten psychischen Krankheiten.

Der menschliche Verstand kann letzten Endes **nicht** biophil (lebensbejahend) sein, wie die Natur es uns eigentlich seit Milliarden Jahren vorlebt und sich immer weiter entwickelt hat.

Der Mensch wird nicht überleben, weil die Anwendungen und Auswirkungen des „Verstandes" tendenziell egozentrisch sind und nicht - wie sinnvoll - der Gemeinschaft (einschließlich der Natur) gelten.

Machthunger wurzelt nicht in Stärke, sondern in Schwäche.

(Erich Fromm,
dt. Psychoanalytiker und Sozialpsychologe)

Der „Kosmische Verbrecher"

Der Begriff des „Kosmischen Verbrechers" wurde im Laufe der Erarbeitung des vorliegenden Werkes von mir ins Leben gerufen. Dieser Gedanke drängte sich als logische Schlussfolgerung auf.

Der „Verbrecher" steht hier **<u>nicht</u> im Sinne unserer juristischen Gesetze.**

Eine festgelegte Definition möchte ich gar nicht schaffen, da

a) der empathische und psychisch gesunde Mensch bereits jetzt ahnen dürfte, um was es geht und

b) der Psychopath in seiner seelischen Demenz und mangelnden Fähigkeit zur Selbstreflexion nicht in der Lage ist, dies zu begreifen und es in Folge dessen nur belächeln wird sowie einmal mehr zwanghaft Wege sucht, um diese naturgegebenen Regeln zu unterlaufen.

Die Darstellung des kosmischen Verbrechers soll deutlich machen, wie gefährlich diese Kranken für die ganze Umwelt und das Überleben der Menschheit auf einem naturgemäß gesunden Planeten Erde sind.

Diese Menschen schaffen sich in geeigneten Machtstellungen ihre eigenen Gesetze, nach denen wir uns alle zu richten haben (jedoch nicht sie selbst); ganz gleich, ob dies vernünftig ist.... oder eben nicht.

Jedoch könnte eine Definition beispielsweise sein, dass kosmische Verbrechen alle unethischen/unmoralischen Handlungen beinhalten, die auf Ausbeutung von Natur und Mensch aus primitiven/monetären Gründen gerichtet sind, gleichgültig wie brutal, grausam und verachtend die Wege sind, um das Ziel zu erreichen.

Erlaubt, geduldet, genehmigt und toleriert wird alles, was Geld und Macht bringt. Hiernach werden Gesetze gestaltet, Ausnahmen gemacht und Sondergenehmigungen erteilt etc..

Dies ist jedoch nicht Sinn und Ziel der Natur, die ihre eigenen - viel stärkeren Gesetze hat - nach denen man sich besser richtet.

Der kosmische Verbrecher verstößt permanent und vehement gegen diese Naturgesetze, als wolle er zeigen, dass er stärker ist als sie. Die Quittungen dafür bekommen wir immer stärker zu spüren und können den Medien nahezu täglich entnommen werden (z. B. Klimaerwärmung und deren weitreichende Auswirkungen).

Kosmische Verbrechen sind beispielsweise alle Vergehen an der Natur bzw. Vergewaltigung derselben, wie

- Abholzung des Regenwaldes,
- sämtliche Tierversuche ohne jede Ausnahme sowie
- Massentierhaltung/nicht art- und verhaltensgerechte Haltung und die daraus folgenden „Ertragssteigerungen" (ohne Betäubung der Tiere bei Schnäbelkürzen und Ferkelkastration, zu enge Stallungen, Kükenschreddern etc.),
- massenhafte Vernichtung von Kerbtieren durch Insektizide und industrieller Landwirtschaft sowie Überdüngung der Böden,
- Massentourismus inklusive der daraus folgenden Zerstörung schützenswerter Habitate,
- sämtliche Kriege der Menschheitsgeschichte,
- Folter und Vivisektion,
- Entsorgung von noch verwertbaren Lebensmitteln bzw. deren Zurückhaltung, um später höhere Preise erzielen zu können oder gar die Vernichtung von intakten Warengütern,
- Vermüllung der Ozeane,
- Trennung der Kinder von ihren Eltern,
- Trennung ganzer Völker via Mauerbau,
- Waffenhandel,

- Versuche und Anwendung von Atomwaffen aller Art.

Die Beispiele sind für den Leser eine kleine Auswahl zum besseren Verständnis und könnten mit Sicherheit noch über mehrere Seiten fort geführt werden.

Grundsätzlich kann sämtliche Gewalt an Tieren stellvertretend für die Gewalt an Menschen bzw. an dessen Gemeinschaft betrachtet werden. Der Täter/Tierquäler hat einen Weg zur (teils gesellschaftlich akzeptierten und gesetzlich sanktionierten) Kanalisierung seiner Aggressionen gefunden, die er nahezu straffrei ausleben kann (inkl. „Nutz"tierhaltung).

Würde er diese Taten Menschen zufügen, würde dies zu schweren Strafen führen.

Die Lösung

Die Demokratie ist das kleinste „Übel" im Rahmen der bekannten Staatsformen, um miteinander weitestgehend ohne ernsthafte Interessenkonflikte zu leben und auszukommen. Allerdings hat sie einen Nachteil: Man muss sich der Mehrheit beugen. Haben das alle akzeptiert und begriffen, dürfte einem friedlichen Miteinander nichts im Wege stehen.

Es steht völlig außer Frage: Demokratie ist eine feine Sache..... wenn sie funktioniert. **Das tut sie aber nicht**; zumindest nicht so, wie es das Modell grundsätzlich vorsieht. Sie ist, wie sie im Allgemeinen gelebt wird, eine Mogelpackung und demokratische Rechte werden möglichst auf das Wahlrecht minimiert.

Grund dafür ist, dass Menschen, seitdem es Strukturen und Gesetze gibt, versuchen, diese im eigenen Interesse zu unterwandern, aufzuweichen, auszuhöhlen, auszuhebeln und für sich auszulegen und zu missbrauchen. Dies gelingt am besten, je weiter „oben" einer in der Hierarchie thront. Deswegen ist aus meiner Sicht **die Demokratie, so wie sie derzeit gelebt wird, die schwächste Form der Diktatur.**

Die Demokratie, wie sie heute wie selbstverständlich in vielen Ländern praktiziert wird, ist der Feudalismus der Postmoderne, wie wir sie alle kennen.

Als sich die Franzosen von der Aristokratie und deren Feudalherrschaft mit den üppigen und arroganten Ausschweifungen via Revolution befreiten, hatten sie unter Anderem sicher im Sinn, wieder Herr ihrer selbst zu werden.

Die Eindrücke der Guillotine haben sich offensichtlich im Laufe der letzten gut 200 Jahre deutlich entschärft, so dass es sich Kanzler, Staatspräsidenten etc. wieder ungestraft leisten können, das Volk zu bevormunden und auf dessen Kosten paradiesisch und dekadent zu leben sowie zu „vergessen", von wem das Geld eigentlich stammt, das sie verprassen.

Alle paar Jahre gibt es ein Hauen und Stechen um die beliebten (sprich: hochdotierten) Regierungsposten, die ein Höchstmaß an Liebedienerei, Macht, „Gehört-werden", Luxusleben und freies Reisen bieten..... und manchmal ein paar 'einstweilige Vergnügungen'.

Wie könnte man es sonst klug erklären, dass wenige Jahre - na, nennen wir es optimistisch - „Wirken" als Abgeordneter, die Lebensleistung eines fleißigen Arbeitnehmers um ein Vielfaches in Frage stellt, um nicht zu sagen verhöhnt - altersruhegeldmäßig.

Gibt es ein vernünftiges Argument dafür? Die Antwort ist ganz klar: **Nein!** Aber es gibt mindestens ein **un**vernünftiges Argument, z. B. wer sich selbst ein großzügiges Salär bewilligen kann zuzüglich mehr Rechte, wird dies tun, wenn er seelisch deformiert genug ist; **Beispiel:** Selbstbedienungsladen Diätenerhöhung.

Die eigene Meinung tritt in den Vordergrund des Handelns und nicht mehr der Wählerauftrag und Volkes Wille, heißt: **Die kranke Psyche des handelnden Gewählten ist der Schwachpunkt der Demokratie.**

In der Wirtschaft ist die Selbstbespaßung mit Vorstandsgehältern, Bonuszahlungen etc. noch deutlich dreister. Auffällig ist, dass die höchsten Zahlungen oft an Diejenigen gehen, die den meisten Schaden anrichten.

Würde hier ausschließlich nach Leistung bezahlt, müsste jeder Auszubildende desselben Unternehmens eine höhere Vergütung bekommen als der betreffende Chef.

Am besten bezahlt, könnte man argumentieren, wird jemand, wenn er beruflich Verantwortung übernimmt. Dies wird in unserer Gesellschaft stets deutlich besser bezahlt als Hände Arbeit. Darüber lässt sich streiten.

Jedoch: Welcher „Spitzen"politiker oder Wirtschaftsmogul hat jemals tatsächlich Verantwortung übernommen, wenn er einen Karren an die Wand gefahren hat?!

Oft wird dann ein Rücktritt offeriert oder gefordert.

Einige klammern sich an ihr Amt, weil

a) es Machtverlust bedeutet (sehr schlimm für einen Machtneurotiker, denn der schwerste Abschied ist immer der von der Macht) und

b) es ein gewisses Eingeständnis bedeuten könnte, möglicherweise doch etwas falsch gemacht zu haben (Thema Selbstreflexion). Es droht außerdem „Gesichtsverlust".

Der selbstgewählte und „noble" Rücktritt eines solchen Menschen bedeutet einen Absturz in ein gut gepolstertes und wärmendes Nest. Wir müssen uns de facto keine Sorgen darum machen, ob er oder sie gut versorgt ist: Die Pensionsansprüche bleiben auf hohem Niveau erhalten.

Das bereits oben genannte „Hauen und Stechen" nennt sich gemeinhin „Wahlkampf". Von allen Seiten und Parteien kommen die „Volksvertreter" (denn mehr sind sie nicht, wird aber sehr gern von den Betreffenden verdrängt) plötzlich aus ihren Löchern gekrochen und geben sich volksnah und versuchen mit einer gehörigen Portion Scheinaltruismus* und verbalem Durchfall, die Leute auf ihre Seite zu ziehen; ....um dann möglichst eine weitere Legislaturperiode ihre Neurosen ausagieren zu können; legal natürlich.....

*Scheinaltruismus: Altruismus bedeutet umgangssprachlich, seinen Mitmenschen Rücksicht, Uneigennützigkeit und Selbstlosigkeit entgegenzubringen. Kirchlich betrachtet dürfte sich das als „Nächstenliebe" übersetzen lassen. Scheinaltruismus bezeichnet folglich, dass diese Dinge nur vorgespielt werden. Eine Täuschung, um Dinge zu erreichen, die sonst schwerlich erreichbar wären.

Schön wäre es, wenn sich unsere Politiker für den Bürger so vehement einsetzen würden wie bei der Postenvergabe nach den Neuwahlen.

Diese Menschen werfen sich vor laufender Kamera in despektierlichem Ton gegenseitig Dinge an den Kopf, die ein halbwegs gebildeter Bürger seinen Kindern zwecks verantwortungsvoller Erziehung nicht zumutet. Es werden dem Gegenkandidaten Vorwürfe gemacht und Lügen verbreitet und Wahlversprechen gesäuselt, die - wie wir alle regelmäßig erfahren

- kaum bis gar nicht gehalten werden.

Doch man kann ihnen nicht einmal einen Vorwurf daraus machen, denn die ersten außerfamiliären Erfahrungen und Prägungen in Richtung ernstzunehmender Kommunikation ohne Anwesenheit eines Erziehungsberechtigten hat der Mensch als Pennäler in der Grundschule und in der Sekundarstufe I.

Hier herrscht das Prinzip der jeweils größeren „Klappe" und ist zum Teil - in dieser Lebensperiode noch „erlaubter" - Infantilismus*: Wer am lautesten mit den Fingern schnippt und am besten dazwischen reden kann, wird gehört und dran genommen, weil das permanente Geschnippe und Dazwischenreden irgendwann den härtesten Lehrer nervt.

Fast immer sind es (nach meinen Erfahrungen) die laut schnippenden Dazwischenreder, die dann den meisten Unsinn daherschwafeln. Aber Hauptsache, man hat seinen Verbalabfall unter die Leute gebracht. Diese wichtige Erfahrung wird ins Erwachsenenverhalten mitgenommen, weil es persönliche Vorteile gebracht hat.

Denselben Sermon von denselben Menschen hören wir dann Jahre später in Parlamentsreden, auf Wahlkampfveranstaltungen und auf den Hauptversammlungen der Wirtschaftsunternehmen. Da ist es oft spannender, Farbe beim Trocknen zu beobachten.

*Infantilismus:** (= lat. infantilis = kindlich) bedeutet im psychol. Kontext „auf der Stufe des Kindseins stehengeblieben". Der Körper ist weitergewachsen, die Verhaltensweise entspricht jedoch nicht mehr dem Alter. Man kann von einer emotionalen Unreife sprechen, die sich in undiszipliniertem Verhalten äußert, z. B. wiederholtes Dazwischenreden, mangelnder Selbstreflexion, Trotz, Ich-Bezogenheit, Respektlosigkeit, provozierendes Gebaren. Veranschaulichend gesprochen kann man sagen, eine Jacke, die als Kind passte, wurde nie ausgezogen und wird trotz spannender Nähte und abspringenden Knöpfen weiterhin getragen. Daher vermutlich auch der im Volksmund bekannte Ausspruch: „Dir ist wohl was zu eng?!"

Die tatsächlich Wissenden unter den SchülerInnen halten sich tendenziell und dezent zurück und schauen erst einmal, wie es weitergeht. Ein erfahrener Pädagoge weiß das.

Wer möchte sich da ernsthaft über Politik(er)verdrossenheit und Wahlmüdigkeit beschweren, bei soviel Nonsens, der dahergeredet wird?!

Darüber hinaus wollen uns diese Damen und Herren erklären, was „politisch korrekt" ist: Man macht sich Gedanken darüber, ob und warum man z. B. tunlichst nicht mehr „Neger" sagen darf oder sollte (heißt m. W. zur Zeit „Maximal-Pigmentierter") oder dass das „Zigeunerschnitzel" keinen „Zigeuner" mehr enthalten darf (sprachlich versteht sich!). Die Halbwertszeiten für den jeweiligen Begriffe-Wechsel verkürzen sich rapide.

Demzufolge müssten Albinos (also Menschen mit Albinismus) nun als „Minimal-Pigmentierte" zu bezeichnen sein, um politisch korrekt und respektvoll zu sein.

„Schau mer mal", wann wir wieder Wichtigeres zu tun haben.....

Es ist ein Gedanken-Zuchthaus, dessen Wärter, Wächter und Moralapostel wir selbst alle paar Jahre via Wahl auf's hohe Ross in den Sattel setzen, um uns unserer Freiheit selbst dadurch zu berauben.

..... und so sieht sich der Bürger dubiosen Figuren ausgeliefert, die er selbst mangels vernünftiger Alternative gewählt hat.

Spiegelt man dieses Verhalten - insbesondere die „TV-Rededuelle" während dieser Wa(h)lgesänge - auf die Kindheit der Betreffenden zurück, so sieht man nichts Anderes als Kinder, die sich im Sandkasten gegenseitig mit Dreck bewerfen. Die Medien haben Tage danach nichts Besseres zu tun, als das infantile Getue zu „analysieren". Wie ernst kann man das nehmen?!

Generell könnte man sagen: „Wer herrschen will, sollte sich erst einmal selbst beherrschen lernen."

Am Wahlabend wird von der Presse alles bis ins Kleinste zerpflückt, was wäre, wenn,.... und wenn nicht, was wäre dann? Und: Wer nun mit wem und warum nicht....? Geistige Masturbation in Hochpotenz!

Bei positivem Ergebnis: Allgemeines Schulterklopfen und Selbst-beklatschung; bei negativem ein fassungsloses „Was haben wir nur falsch gemacht?!" Heißt: Schon beim Machen eklatanter und ganz offensichtlicher Fehlentscheidungen kein Hinterfragen möglicher Konsequenzen, keine Selbstreflexion und keine Überlegung, was daraus entstehen könnte. Selbstherrlichkeit und Nar(r)zissmus stehen stets im Vordergrund.

Jetzt möchte ich doch noch ein paar Tomaten werfen, weil die Beispiele so herrlich anschaulich sind, medial um die Welt gingen und solche Steilvorlagen quasi nach einer Ballannahme und einer Rezension schreien:

Ein Akt der Selbstdarstellung, ein Akt des Narzissmus':

Die Auswahl des Tagungsortes für den G20-Gipfel am 7. und 8. Juli 2017: Hamburg, sprich: Frau Merkels **Geburtsstadt**, welche sie den Besuchern näherbringen wollte, glaubt man den Pressestimmen.

Das Ergebnis: Schwere Krawalle (war angeblich nicht vorauszusehen in unmittelbarer Nähe zum Hamburger Schanzenviertel). Man könnte meinen, da hat der Staatsschutz - der bei jedem in Brand gesteckten syrischen Kinderwagen ermittelt - vermutlich tief geschlafen oder seine Hausaufgaben nicht gemacht. Was sogar Klein Erna auf dem Jungfernstieg klar gewesen wäre, kommt bei der Behörde - so der Eindruck - gar nicht an.

Oder wie könnte man das „Ergebnis" anderweitig interpretieren? Wollte man einem CDU-fremden Hamburger Bürgermeister ordentlich vor's Schienbein treten, wenn man der Auslegung einiger Medien glauben darf. Das wäre sehr flach und primitiv....., oder eben infantil, aber keineswegs würdig.

Weiterhin:

Erhebliche Behinderungen des Tagesgeschäftes der Einwohner und der Gewerbetreibenden sowie des öffentlichen Nahverkehrs, Anwohner kamen aufgrund massiver Absperrungen nicht in ihre

Wohnungen und Häuser, Eltern konnten ihre Kinder nicht von den Kitas abholen, hohe Sachschäden.

„Es musste ein Ballungsgebiet sein!" bekamen wir zu hören und war zu lesen. Hintergrund war, dass die Bevölkerung bzw. die Teilnehmer des G20-Gipfel Kontakt zueinander finden können. Dies war jedoch von <u>vornherein</u> illusorisch bei den hermetischen Sicherheitsvorkehrungen.

Ein weiteres anschauliches Beispiel:

Frau Merkels Willkommenspolitik im Flüchtlingskontext im September 2015, ohne Prüfung hunderttausende Flüchtlinge unregistriert nach Deutschland reinzuwinken; dieser Alleingang ist an Ignoranz und Dreistigkeit nur sehr schwer zu überbieten und sagt klar aus: „Ich mache sowieso, was ich will." (Trotz), und: „Wir machen so weiter wie bisher." Es entsteht der Eindruck einer **inländerfeindlichen** Politik. Das kam so bei vielen an.

Genau in diesen Tagen stand die Entscheidung zum Friedensnobelpreis an. (🔔 **Klingelinnnng....**)

Diverse Stimmen aus dem Ausland von Experten, Presse und Politikern waren sich einig: Diese Handlung hat den Terror erst recht in Europa etabliert sowie eine breitere Basis und eine verbesserte Infrastruktur geliefert, weitere Attentate unentdeckt vorzubereiten und umzusetzen.

Schließlich und endlich:

Die schier nie enden wollenden Verhandlungen, Sitzungen und Sondierungsgespräche zur neuen Regierungsbildung nach der Bundestagswahl vom 24.09.2017.

Fast ganze sechs Monate dauerte es, eine neue entscheidungsfähige (?) Regierung aufzustellen, zu präsentieren und den Wählerauftrag (hoffentlich) zu erfüllen. Die lukrativen Ministerposten waren binnen weniger Tage vergeben. Wenn's doch bei der Findung gemeinsamer Interessen nur genauso rasch gehen würde.....

Wie weit klaffen Parteiprogramme auseinander, dass es erfahrenen und wünschenswerterweise reifen Menschen (vielfach Senioren) nicht möglich war, unverzüglich und vernünftig zusammenzufinden und einen sinnvollen Plan vorzulegen?!

Jeder fähige Chef in der freien Wirtschaft hätte diese Arbeitsgruppe bereits nach zwei, drei Wochen kopfschüttelnd aufgelöst und durch neue, kompetentere und willige Köpfe ersetzt.

Um was geht es eigentlich? Es geht darum, ein Volk verantwortungsvoll und erfolgreich durch die nächste Legislaturperiode zu führen. Wie unterschiedlich sind die Ziele der einzelnen Parteien, dass man keinen gemeinsamen Nenner findet und sich zusammenrauft?

Es geht letzten Endes und de facto nur um Eines, und das ist auch der Grund, warum man nicht zueinander findet 🔔!:

Machtanspruch, Kalkül, keinen Fußbreit preiszugeben und Gesichtsverlust tunlichst zu vermeiden, grundsätzlich allein Recht zu haben und zu behalten und keinem Anderen etwas zu gönnen!

Seelenkrankheit verhindert Zusammenarbeit und verursacht Kosten in Millionenhöhe.

Seelische Störungen sind Bergmassive im Getriebe von Politik und Wirtschaft und verhalten sich wie eine Murmel im Trichter.

Ohne diese „Bergmassive" könnte jeder Mensch auf dieser Erde in Frieden leben, hätte gut zu essen und zu trinken sowie eine saubere Umwelt mit allen Lebewesen, die die Natur darin vorsieht.

Politiker und Herrscher sind ein Auslaufmodell und gehören möglichst sofort abgeschafft. Es gibt eine deutlich bessere Lösung dafür.

***Politiker
sind Geister dritter Klasse.***
Mahatma Gandhi
Indischer Freiheitskämpfer

Meine erste eindringliche Forderung:

Endlich Psychologie mit mindestens drei Unterrichtsstunden wöchentlich als Hauptfach analog Deutsch, Mathematik und Englisch in allen Bundesländern bereits ab der vierten Grundschulklasse!

Schon allein deswegen, damit Kinder und Jugendliche die Möglichkeit erhalten, die subtilen und perfiden Gehirnwäsche-Methoden der Werbeindustrie zu durchschauen, mit denen ihnen die knappen Gelder via Massenverblödungswaffen TV und Internet aus der Tasche gezogen werden.

Der Psychoterror in den Supermärkten mit ihren psychologisch eruierten Verkaufstricks ist ein weiteres brauchbares Argument dafür. Hier wird Psychologie missbraucht, um Menschen massiv zu manipulieren für den primitiven Zweck der Umsatzausweitung sowie Maximierung der Gewinne, welche erfahrungsgemäß in nur sehr wenige Taschen fließen.

Studien haben ergeben, dass weit über 90 % aller Informationen, die unser Hirn täglich erreichen, auf unseren Geldbeutel abzielen.

Werbung ist versuchte Manipulation und somit ein

Betrugsversuch; das gilt auch für den Wahlkampf. Leider ist dieser Betrugsversuch verfahrenstechnisch nicht greifbar und unter Strafe gestellt.

Meine zweite eindringliche Forderung (als Zwischenschritt):

Psychologische Eignungsprüfungen für Wirtschaftsführungskräfte und Politiker aus dem unmittelbaren Führungskader und jährliche Pflichtschulungen durch erfahrene Psychologen und Fachleute, wie man verantwortungsvoll mit Mensch und Umwelt umgeht.

Aber besser : Drittens (zweitens ist dann noch für Wirtschaftsführungskräfte notwendig)**:**

Die Referendum-Republik:

Das sogenannte „E-Voting" (elektronische Wahl) ist ein zukunftsweisendes System. Möglicherweise noch nicht in Gänze ausgereift, was die Schwierigkeiten bei Wahlen in den USA zeigen, insbesondere bei der zuverlässigen Auswertung der Stimmen. Diese Kinderkrankheiten lassen sich jedoch mittelfristig aus dem Weg räumen, wenn es ernsthaft gewollt ist.

Schließlich zahlen wir seit Jahrzehnten mit Kreditkarten und kaufen online Waren ein, und das so gut wie ohne technische Probleme; Betrügereien sind überall nicht auszuschließen. Da, wo Geld fließt oder möglichst fließen soll, geht alles schnell und meist reibungslos in Planung und Ausführung.

In Deutschland versteckt sich die „Führungselite" bislang hinter der Verfassung (Grundgesetz oder GG) und E-Voting ist „zumindest verfassungsrechtlich noch kein gangbarer Weg". Warum nicht die Verfassung ändern?

Welch' kruder Gedanke......, zudem unbequem, weil mit Arbeit und Verantwortung verbunden und gibt darüber hinaus allen wahlberechtigten Deutschen mehr Rechte, sich selbst zu vertreten, die Gelegenheit, sein Hirn sinnvoll zu gebrauchen und Politikern das Heft aus der Hand zu nehmen.

Kreative und mutige Köpfe finden wir unter den deutschen Politikern leider herzlich wenig. Das „Ich-trau-mich-nicht"-Virus ist weit verbreitet und sitzt tief. Angst macht steif und unflexibel und lähmt Körper und Geist. Die Seele ist bereits seit Jahrzehnten steif.

Da muss man dann auch mal die Traute haben, am Grundgesetz zu arbeiten. Denn das hat, wie alles andere im Leben, naturgemäß nach rund 70 Jahren mehr als nur ein paar Falten bekommen und bedarf dringend einer Renov(ell)ierung, damit es den jungen und aufstrebenden Menschen dieses Landes nicht ein zu enges Outfit wird. Um genau zu sein, braucht es gar keiner großen Wandlung in der Verfassung:

Es findet lediglich ein Wechsel im Bereich der Legislative statt: In der sogenannten „Gesetzgebenden Gewalt" werden Bundestag und Bundesrat nun direkt vom Volk ersetzt. Bundesparlament und Länderparlamente sowie einige Gremien entfallen zugunsten eines Volkes, dass sich selbst repräsentiert und vertritt.

Ein Problem liegt in der Zusammensetzung der uns vertretenden 709 Mitglieder des Bundestages (MdB), welche keineswegs die Wählerschaft widerspiegelt (Stand 19. Bundestag per Ende Sept. 2017). Von Repräsentanz kann mitnichten die Rede sein, eher von einer Verkopfung, die die Realität an der Werkbank und auf der Straße nicht mit einbezieht bzw. mangels Erfahrung nicht einbeziehen kann.

Nicht selten endet ein Studium damit, dass es mit dem Kandidaten direkt an den „grünen Tisch" geht, ohne jemals selbst das harte Arbeitsleben kennengelernt zu haben.
Es ergibt sich folgendes Bild: (bundestag.de, Wikipedia, Tagespresse)

a) 115 Juristen; der Gesamtanteil der Akademiker liegt bei über 90 Prozent.

b) Etwa 20 % der MdB sind über 60 Jahre alt und geht im Einzelfall bis 77 Jahre Lebensalter (über 50 % zwischen 45 und 59 Jahre Lebensalter).

c) Die seitens der Regierung vehement geforderte Frauenquote in der Wirtschaft liegt im Bundestag weit darunter: 491 Männer sitzen im Parlament lediglich 218 Frauen gegenüber.

Zurück zum E-Voting:

Die Unterhaltungsindustrie setzt das E-Voting im kleinen Rahmen bereits seit vielen Jahren erfolgreich ein. Wir kennen es (fast) alle unter dem Namen „Publikums-Joker" bei einem populären Wissensspiel um die berühmte Million. Ein sehr anschauliches Beispiel, Demokratie und Wissen elektronisch anzuwenden und umzusetzen.

Dieses System nutzt nicht nur das Wissen Aller (Kollektive Intelligenz), sondern geht noch einen großen, sehr lohnenden Schritt weiter. Bestimmt sind sich nicht alle an der Auswahl Beteiligten zu 100 Prozent sicher was der richtigen Antwort entspricht, jedoch kommt mit dem „Bauchgefühl" bei der Entscheidung ein bedeutendes Quantum an Gefühls-Intelligenz dazu.

Die Ratio ist ein wichtiges Instrument, um im Leben Entscheidungen zu treffen. Aber wie oft haben wir schon richtig gelegen, wenn aus dem Bauch (dem Herzen) heraus entschieden wurde!? Man/frau muss nicht alles mit Worten und dem Geist begründen können und liegt **doch** goldrichtig.

Die Referendum-Republik nutzt intensiv die Kollektiv- und die Gefühlsintelligenz und repräsentiert - wie kein anderes System - den Willen der Bürger, direkt und volksnah. Ein reineres

Demokratie-Modell ist nicht denk- und darstellbar.

Der Rest ist reine Technik und im Grunde bereits umgesetzt, schaut man sich die tägliche Praxis der Online-Petitionen verschiedenster Anliegen an, die auch - und gerade - international angewendet wird.

Oder: Wie beispielsweise beim Online-Banking, dem Einkauf mit Kreditkarte an der Supermarktkasse, bei der Warenbestellung bei diversen Großanbietern arbeiten wir alle - und es werden täglich mehr - mit Persönlichen Identifikationsnummern, mit sogenannten Accounts usw. Das ist gelebtes Leben und tägliche moderne Praxis.

Mit der heutigen Umsetzung der Demokratie leben wir noch wie vor 150 Jahren.

Nun bekommt jeder stimmberechtigte Bürger sein „Wahlkonto". Dies könnte über die Sozialversicherungsnummer gesteuert werden und wäre für jeden einzigartig. Dieses Wahlkonto wird über den eigenen PC zu Hause geführt und gepflegt.

Wer keinen PC sein eigenen nennt oder nennen will, kann in einem Wahlbüro (wie bisher) seine Stimme(n) abgeben. Wahltermine oder -zeiträume werden über das Wahlkonto sowie via Funk, Fernsehen und Zeitungen bekannt gemacht. Diese Termine können mehrere Tage oder gar Wochen laufen, damit jeder Zeit und Gelegenheit hat, sich zu äußern. Man ist ergo nicht auf nur einen Wahltag beschränkt.

Das jeweilige Abstimmungsthema wird unterbreitet mit den wichtigsten Pros und Kontras, damit jeder Wähler die Möglichkeit zur ausführlichen Information erhält.

Gewählt werden jedoch nicht mehr Parteien sowie Abgeordnete, sondern direkt Handlungsvorschläge von größerer Tragweite.

Bei weniger dringenden Themen können diese zusammengefasst und turnusmäßig abgestimmt werden; z. B. alle Vierteljahre.

Vorschläge, was zu entscheiden sein soll, können von jedem Stimmberechtigten an eine bundeseinheitliche Zentrale eingereicht werden; als ein Unterpunkt im Wahlkonto. Gestaffelt nach Themenkreise mit jeweiligen Unterpunkten, ähnlich wie in Telefonauswahlverfahren oder Beschwerdeläufen großer Anbieter.

Kommen über die Zeit viele gleiche bzw. ähnliche Vorschläge zusammen, kann dies über das Wahlkonto zur Abstimmung gebracht werden.

Auch dieses System kommt selbstverständlich nicht ohne Verwaltung aus, aber es stehen dann genug Gebäude und Büros zum Gebrauch leer, die vorher von den Politikern und deren Entourage genutzt wurden.

Und weil Geld immer und überall - und immer mehr - zum Hauptargument verkommt:

Es spart Milliarden an Steuergeldern für Diäten, Spesen, Pensionen für MdBs und MdLs sowie für Kanzler und Bundespräsidenten, die Unterhaltskosten entsprechender Gebäude (z. B.: Reichstagsgebäude - seit dem Umzug aus Bonn im Berliner Volksmund 'Schloß Neu-Wahnstein' genannt -, Länderparlamente), Kosten für Personenschutz und gepanzerte Luxuskarossen. Nur eine kleine Auswahl......

Gesparte Gelder, die sinnvoller verwendet werden können, z. B. für Modernisierung und Auf- und Ausbau von Lehranstalten, Kitas etc...

Neben den oben genannten enormen Einsparungen kommen folgende beachtliche Vorteile hinzu:

- Wegfall aller persönlichen Befindlichkeiten sowie Auswirkungen der neurotischen Störungen der „Machtmenschen" im Regierungsapparat mit „Antihaftbeschichtung" und ohne Bodenberührung inkl. nachhaltiger Ausschluss persönlicher Vorteilsnahmen im Amt. Wollen wir sie nicht länger in Versuchung führen.....

- künftig kein Lobbyismus und die dadurch verzerrten Entscheidungen und Wettbewerbsbedingungen.

- Wegfall der Parteispenden mit deren teils zwielichtigem Charakter. (Nach Abschaffung der 500-Euro-Banknote müssten die Spendenkoffer ohnehin größer werden.)

- „Alle Staatsgewalt geht vom Volke aus" bekommt endlich eine reale und glaubhafte Bedeutung: Politische Selbstkontrolle seitens des Volkes sowie direkte Selbstbestimmung, Demokratie in Reinstkultur.....

- Das wiederholte und erbärmliche Affentheater um das NPD-Verbot. Nachdem es bei der Referendum-Republik keine Parteien mehr gibt, hat sich dies von allein erledigt. Es gibt kein Rechts und Links mehr, kein Oben und Unten, kein Grün, Gelb, Rot, Schwarz.....

Hinzu kommt das infantile und peinliche Stühleschieben im Bundestags-Plenarsaal, weil kein Parlamentarier der „etablierten" Parteien neben NPD-lern oder AfD-lern sitzen wollte. Von diesen Damen und Herren wurde übersehen, dass die Abgeordneten von NPD und AfD - gleichgültig, was man von ihnen hält - vom Volk gewählte Vertreter sind, und dies von Allen zu respektieren ist im Rahmen einer Demokratie.

Das Ganze verdient ohnehin eine ökonomische Betrachtung in Richtung Kosten-Nutzen-Verhältnis:

Während weltweit in Unternehmen drastische Kostenreduzierungen stattfinden, Personal eingespart wird und Outsourcing regiert, leistet sich jedes Land dieser Erde eine gut gepolsterte Regierung. Deutschland beispielsweise unterhält das zweitgrößte Parlament der Welt (nach dem Riesenreich China).

Der deutsche Regierungsapparat (709 Parlamentarier, Stand 2017) kostet den Steuerzahlern pro Jahr mehrere hundert Millionen Euro. Das kann man deutlich günstiger bei deutlich höherem Output bekommen.

Noch grotesker wird das Bild, hält man sich vor Augen, dass Millionen von Bürgern einiger Länder sich den Pomp einer Monarchie leisten:

Millionen Arbeitnehmer buckeln Tag für Tag, damit einige, sehr wenige Angehörige der Amüsierelite in Saus und Braus leben können und durch die Betten turnen, um den nächsten nutzlosen Thronfolger zu produzieren (um sich dafür anschließend beklatschen und hochleben zu lassen, als hätten sie den Nobelpreis gewonnen).

Das fürstlich bezahlte Wirken in der Politik kann so zeitraubend und anstrengend nicht sein, denn sehr viele Abgeordnete betätigen sich zusätzlich in anspruchsvollen und lukrativen Beschäftigungen, wie z. B. das Betreiben einer juristischen Kanzlei.

Ein junger Abgeordneter des Berliner Senates hatte vor Jahren im Rahmen der Berliner Abendschau gesagt, dass er es nicht versteht, dass viele seiner AmtskollegInnen nebenbei so anspruchsvolle Tätigkeiten ausführen können, denn die Arbeit als Abgeordneter ist ein Ganztagsjob, wenn man ihn verantwortungsvoll ausübt. Eine Aussage, die tief blicken lässt.
Bei dem rasanten Fortschritt in allen Bereichen der Technik ist es

eigentlich ein Wunder, dass das politische System noch immer dasselbe ist und zu bleiben scheint. So ist es sicher auch gewollt. Machterhalt um jeden Preis.

Die Komponenten menschlichen Polit-Versagens lassen sich auf diese Weise zu 99,9 % ausschalten; unter der Berücksichtigung, dass kein Wahlbetrug stattfindet.

Politiker als „Führungs"- und Entscheidungsträger sind in der Referendum-Republik überflüssig.

Ein permanent geschultes und psychisch gesundes Diplomaten-Corps ist ausreichend, um den regen und freundlichen Kontakt mit den Mit-Ländern aufrecht zu erhalten und Repräsentationsaufgaben im Inland wahrzunehmen.

Diese Corps bekommen die politischen Aufträge direkt vom zuständigen Bundesamt, welches die Stimmen zu den Wahlvorschlägen ausgezählt hat, und sorgen dafür, dass Volkes demokratische(r) Meinung und Wille auf allen Ebenen vertreten werden.

Der Wähler geht nicht mehr alle 4 oder 5 Jahre zur Wahl, sondern gestaltet und lebt seine Demokratie ständig mit. Es gibt keine Legislaturperioden mehr. Die Ergebnisse werden sofort umgesetzt und der Bürger sieht kurzfristig, was daraus geworden ist.

Wahlmüdigkeit wird verschwinden, wenn der Bürger merkt, dass sein Bemühen tatsächlich etwas nützt und er sich ernstgenommen fühlt.

„Wo ein Wille ist, ist auch ein Weg."

.... und „wo kein Wille ist, soll auch kein Weg gefunden werden."

In der freien Wirtschaft

.....sieht es nicht besser aus, was das Führungsverhalten betrifft, und den Dreck, der es aufwirbelt.

Auch in der Industrie z. B. tobt man sich aus an „schneller, höher, weiter", denn auch psychisch entstellte Wirtschaftsbosse wollen gern bewundert werden und ihre Minderwertigkeitsgefühle brauchen täglich Auslauf.

Man betrachte beispielsweise die Autokonzerne und ihre „Lobby Dick" und die kriminellen Auswüchse in puncto weltweiter Abgas-Affäre. Hier wurde - nur um bessere Zahlen (nicht tatsächliche Werte) zu erreichen - gelogen und betrogen, dass die Balken brachen. Nur „schade", dass irgendwann doch alles mal ans Licht des Tages kommt...... und das ist gut so!

Aber mit welcher Naivität Viele glaubten, dass das für immer geheim bleibt, ist nicht nur erschreckend und peinlich, sondern ausgesprochen dämlich, und keinesfalls ein Hinweis darauf, dass solche Leute die seelische Qualifikation besitzen, Konzerne zu führen.

Leider zeichnet sich ab, dass - wieder einmal - der Bürger (diesmal der jeweilige Autoeigentümer) die Zeche zahlen darf dank gut funktionierender Lobbyarbeit.

Vor wenigen Jahrzehnten noch waren es einzelne Personen in „hohen" leitenden Funktionen, die mit großer krimineller Energie ihre Unternehmen betrogen. Heute hintergehen kollektiv ganze Gremien den Betrieb, dem sie vorstehen.

Je weiter „oben" man sich in den Hierarchie-Ebenen umsieht, desto losgelöster und abgehobener werden die Ansichten, was sich auch in den Tagesabläufen widerspiegelt. Man lebt sein eigenes Leben, gleichgültig, was Andere denken und entschwebt den

Tatsächlichkeiten im teflonbeschichteten Anzug.

Führungskräfte weltweit haben im Allgemeinen noch immer nicht begriffen, dass ihre Mitarbeiter das wertvollste Kapital sind, das einen Betrieb ausmacht. Dies wird in Lippenbekenntnissen zwar immer wieder abgesondert, jedoch nicht umgesetzt und gelebt.

Ein weitverbreiteter Irrglaube von Arbeitgebern ist es, dass sie mit dem Lohn/Gehalt neben der Arbeitskraft des Mitarbeiters auch seine Würde, seine Freizeit, ja, sein ganzes Leben gekauft haben.

Nur zufriedene Mitarbeiter „produzieren" zufriedene Kunden. Und zufriedene Kunden wechseln in aller Regel nicht den Anbieter und werden oft zu Stammkunden.

Unternehmer weltweit verzichten auf etwa 30 % Erlöse jährlich. Dies ist nur ein Mittelwert, es können im Einzelfall auch „nur" 20 % oder gar 50 % sein. Mangelnde Führungsqualitäten (z. B. sog. „Bossing", also Mobbing direkt vom Chef dem Mitarbeiter serviert) machen den Hauptteil aus, dazu kommen falsche Personalauswahl, schlechtes Produktmanagement etc..

Unternehmen, die eine liberale und entgegenkommende Führungsstruktur inne haben, konnten und können sich über den oben genannten Mehrerlös (inkl. Ersparnisse durch beispielsweise Wegfall der Einarbeitung neuer MitarbeiterInnen aufgrund hoher Fluktuation - besser „Flucht"uation) freuen.

Zurück zu den Mitarbeitern:

Ein Mitarbeiter, der unzufrieden ist, wird i. d. R. nicht sofort kündigen. Nicht nur in der Physik gibt es ein Trägheitsprinzip, sondern auch im Menschen selbst. Erst, wenn ein bestimmtes Maß an Intensität erreicht, die Zeit abgelaufen und der Leidensdruck unerträglich ist, wird gehandelt.

In der Zwischenzeit jedoch wird es zur „inneren Kündigung" kommen, die den Mitarbeiter dazu veranlassen wird, sich nicht mehr nachhaltig für den Betrieb einzusetzen, vllt. sogar zu sabotieren oder zu stehlen. Dies wird oft nicht sofort von der Geschäftsleitung bemerkt. Seine Kollegen, die evtl. ebenso empfinden, können dadurch angesteckt und mitgerissen werden und werden niemanden anzeigen.

Es kann großer Schaden entstehen, die die Mitarbeiter zwar verursacht haben, dass es jedoch soweit gekommen ist, hat allein die Führungsebene zu verantworten.

Übrigens wird eine gesunde Arbeitsgruppe evtl. befürchteten „Faulpelzen" via Gruppendynamik zu Leibe rücken. Eine Baustelle, um die sich ein Chef in aller Regel dann nicht mehr zu kümmern braucht. Im Extremfall kann er immer noch eingreifen.

„Haben Sie Referenzen?" Diesen Satz kennen wir zumeist aus dem Fernsehen. Wer sich um einen neuen Wirkungskreis bewirbt, sollte gut nachweisen können, dass er/sie was kann und welchen Ruf das Haus hat, bei dem zuletzt gearbeitet wurde.

Leider: Je „höher" eine(r) kommt, desto weniger wird nach Qualifikationen gefragt; so meine Kenntnisse und Erfahrungen.

Es werden oft alte Seilschaften aus Studientagen genutzt, oder jemand hat noch einen Gefallen gut, um eine Treppe höher zu fallen. Und wen wundert es da, dass Inkompetenzler, die im Vorstand der Firma XY marodierten und unter Gesichtswahrung und einer „Goldenen Türklinke" in Millionenhöhe hinaus expediert wurden, nun im Unternehmen YZ im Aufsichtsrat sitzen?!

Vitamin „B" bedarf keiner Kenntnisse und Fertigkeiten, sondern ausschließlich einer Portion seelischer Störung und eines einflussreichen Bekannten- und Freundeskreises, der gleichfalls keinen Wert auf nachhaltige Integrität legt.

Kein Wunder, dass es erneut zu Entgleisungen vielfältiger Art kommt, denn gelernt wird in aller Regel aus den bisherigen Kalamitäten nichts (mangelnde Selbstreflexion, „Schuld sind immer die Anderen!").

Wenn wir schon beim Thema Personal sind noch ein Wort zu den Personalern bei der Bewerberauswahl:

In den letzten zwei bis drei Jahrzehnten geht es verstärkt nur noch darum, wer die/den fehlerfreieste(n) Bewerbung bzw. Lebenslauf geschrieben hat. Der Mensch hinter der Bewerbung ist größtenteils vollkommen uninteressant geworden.

Selbst der/die brillanteste Bewerber(in) - ideal für den Betrieb - scheitert daran, dass irgend ein kleiner, völlig nebensächlicher Schreibfehler ihn/sie von vornherein ausschließt. Selbst einer Chefsekretärin kann (und darf!) dies unterlaufen.

Welch' „kluge" Köpfe haben sich das ausgedacht und leben hier ihre Kontrollzwänge aus.....?!

Die Prädikat „überqualifiziert" ist an Stupidität schwer zu überbieten. Es ist und sollte jedem Menschen selbst überlassen bleiben, für welchen Job er sich interessiert, bewirbt und künftig ausüben möchte.

Einzig wichtig ist doch letzten Endes nur, dass der/die neue MitarbeiterIn kraft Motivation eine Bereicherung für das Unternehmen ist. Wie kleingeistig und schäbig ist es doch, einen Menschen ausschließlich nach seinen Schreibfehlern zu beurteilen, oder ob das Foto rechts oben zu weit links klebt.

Was in Politik, Wirtschaft und Beruf „funktioniert", ist auch in der Familie häufig zu finden:

Der Feierabend-Tyrann. Er lebt an seiner Familie den Frust aus, den er sich tagsüber bei Chefs, Mitarbeitern und Verkehrsteilnehmern auf der Straße, in Bus und Bahn eingefangen hat.

So haben die schwächeren Mitglieder der Gesellschaft bis hin zu den Kindern auch noch etwas von den Neurosen Derer, die sie erziehen.

Auf diese Weise schließt sich der Kreislauf und die späteren Erwachsenen terrorisieren ihre Kinder in ähnlicher Weise.

Willst du den Charakter
eines Menschen erkennen,
so gib ihm Macht.
Abraham Lincoln

Nachwort

„Was für ein Glück für die Regierenden, dass die Menschen nicht denken!"

Von wem mögen diese Worte wohl stammen?

Der Autor ist Adolf Hitler vom Januar 1942/Wolfsschanze.

„Mein Gott", wird der Leser jetzt womöglich denken: „Jetzt kommt der uns damit!"

Das ist absolut verständlich; schließlich werden Deutsche Medien - insbesondere das Deutsche Fernsehen - nicht müde, uns nahezu allabendlich das Leben dieses Herren um die Ohren zu schlagen, von allen Seiten beleuchtet. Ein schlechter Mensch, der uns noch heute viel Geld beschert. Wo bleibt da die Moral?! Die macht seit Jahrzehnten Urlaub.....

Das schlechte Gewissen der Deutschen in der X-ten Nachkriegsgeneration wird am Leben erhalten; das bringt eine Menge Geld.

„Wer seine Vergangenheit nicht bewältigt hat, kann sich nicht nachhaltig mit seiner Zukunft beschäftigen" konnte ich vor Jahren bei meinen Studien über Psychologie lernen. Dies gilt mit Sicherheit nicht nur für jeden Einzelnen, sondern gleichfalls für eine ganze Nation.

Offensichtlich haben wir unsere Vergangenheit noch immer nicht bewältigt, sonst könnte sich Deutschland endlich nachhaltig um die **eigene** Zukunft kümmern und millionenfache Gelder, die heute noch für Entschädigungszahlungen aufgewendet werden, in die Zukunft unserer Kinder (z. B. dringender Sanierung von Schulen, Universitäten, Lehrmittel) investieren.

Wer wirft z. B. den Franzosen heute noch die Verbrechen und Opferzahlen der Napoleonischen Kriege vor? Also, einfach noch 100 Jahre warten und wir sind frei davon?

Aber lassen Sie uns jetzt über etwas Anderes schweigen:

Eine andere - jedoch deutlich aktuellere Schande dieses Landes, Jahrzehnte nach dem 2. Weltkrieg: Deutschland ist (Stand 2018) drittgrößter Waffenexporteur weltweit (nach den USA und Russland).

Hätte man dies in den 1950er Jahren jemanden erzählt, dass es so kommt, hätte man ihm kaum geglaubt und ausgelacht.

Während in Deutschland recht radikal Rechtsradikale bekämpft werden, um Ruhe im Land zu halten und möglicherweise kein III. Reich auferstehen zu lassen, werden hier Waffen produziert und in Krisengebiete exportiert.

Während in Deutschland die Waffengesetze immer weiter verschärft werden, nehmen die verantwortlichen Parlamentarier (hoffentlich bei vollem Bewusstsein) mittels deutscher Waffenexporte billigend den Tod von Millionen Menschen bzw. Verletzungen und Verstümmlungen in Kauf sowie Verwüstung von Natur und Umwelt. Man kann diese Personen zweifelsfrei als Mittäter betrachten.

Dass sich dieselben Waffen auf Umwegen auch gegen deutsche Soldaten oder die Zivilbevölkerung richten können, hat wohl keiner unserer Polit-Akrobaten je ins Kalkül gezogen.

Die gegenseitigen Verflechtungen und Verpflichtungen mit den verschiedenen Bündnissen sind kein glaubhaftes Argument dafür, sondern können eher als scheinheilige Rechtfertigung dienen, mit Waffenexporten äußerst lukrative Geschäfte zu machen.

Das Grundgesetz (GG) Art. 26 (1) und (2) wird hier in Gänze mit Füßen getreten und sämtliche Opfer des II. Weltkrieges werden seither durch die deutschen Waffenexporte permanent verhöhnt.

Waffenhandel ist Ausdruck eklatanter persönlicher innerer Schwäche, die von vielen Politikern geteilt wird, die dies unterstützen, dafür stimmen oder sonst wie gutheißen - nationalitäten-, kultur- und religionsübergreifend.

Aus diesen Gründen wird es niemals einen Weltfrieden geben, weil sich mit Krieg viel Geld verdienen lässt und zudem seelenkranken Staatslenkern und deren Vasallen Gelegenheit gibt, ihre Minderwertigkeitsgefühle auszuleben.

Ein entlarvendes Betätigungsfeld des Psychopathen ist **Destruktivität** in alle Richtungen; in diesem Sinne eine zerstörerische Geisteshaltung und die darin mündenden Handlungsweisen.

„**Nein**" zu Waffengeschäften zu sagen, hieße Stärke zeigen.

Um mit einem weiteren Beispiel die Doppelmoral zu untergraben:

Seit Jahrzehnten wehrt sich unsere Machtriege mit Händen und Füßen gegen die Freigabe von Cannabis, mit dem Hauptargument, dies sei die Einstiegsdroge Nr. 1 in härtere Drogen wie Heroin, Kokain etc..

Die Befürchtungen sinkender Umsätze der Pharmaindustrie sind der eigentliche Grund, da durch die Freigabe von Cannabis (welches verantwortungsvoll angewendet nahezu nebenwirkungsfrei und sehr preiswert zu produzieren ist) viele teure Medikamente (z. B. zur Schmerztherapie) nicht mehr notwendig sind.

Alkohol und Zigaretten sind erlaubt. Schließlich werden auf diese Weise viele Millionen Steuergelder jährlich in die öffentlichen Kassen gespült; die unbestreitbaren gesundheitlichen Risiken und Folgen spielen nur eine untergeordnete Rolle.

Wer sich en detail mit den gesundheitlichen und gesellschaftlichen Folgen des Rauchens und des Alkoholismus' beschäftigen möchte, sollte starke Nerven mitbringen.

Die „abschreckenden" Bilder auf den Zigarettenpackungen beispielsweise sind - bildlich gesprochen - nur ein „Cartoon" darüber.

Studien auf diesem Gebiet haben zu Tage gebracht, dass nicht Cannabis den Einstieg in die härtere Drogenwelt öffnet, sondern Spirituosen.

Sollte dies einen verantwortungsvollen Entscheider dazu veranlassen, Alkohol (und Nikotin) in Gänze zu verbieten (siehe Prohibitionszeit in den USA von 1920 bis 1933)? Das wäre wahre Dummheit, denn dies hält die Volksmasse ruhig.... „Opium fürs Volk" eben.... (Karl Marx, der sich mit diesen Worten allerdings auf die Religion bezog).

Politiker sind geistig unflexibel und ohne Dynamik, was die Ausübung ihres Amtes betrifft, gegenüber beweiskräftigen Argumenten in aller Regel verschlossen (im Sinne von uneinsichtig und stur) mit einem kräftigen Schuss „Ich trau' mich nicht....." und für derartige Ämter, an denen sie akribisch kleben, gänzlich ungeeignet.

Interessant ist zu beobachten, dass junge Menschen (welche die Probleme ihrer Generationsgenossen kennen sollten und noch mental flexibel sein dürften), die sich plötzlich in politisch verantwortungsvollen Posten wiederfinden, einer spontanen Frühvergreisung zu unterliegen scheinen.

Wie dürfte es sich sonst erklären, dass viele innovative Ideen und sprühende Einfälle baldigst in Gänze untergehen in der geistigen Schwerfälligkeit der herrschenden Kaste? Wer eigene Ideen umsetzen möchte, mal einen Alleingang wagt und mutig genug ist, tatsächlich ein paar deutliche Worte zu sagen, ist unbequem und kommt mit der Karriere nicht voran. Es sind Ja-Sager gewünscht und keine Macher.

Dies als kleiner Exkurs in die Inkonsequenzen und Doppelmoral des deutschen Gesundheitssystems und der Steuerpolitik......

Zurück zum eigentlichen Kapitel:

Herr Hitler hat mit dem Thema dieses Buches Vieles zu tun. Er ist ein erschreckendes Beispiel, was mit einer deformierten Seele alles möglich ist und wie ihn seine Kindheit, insbesondere das Verhältnis zu seinem Vater, schwer geprägt hat.

Aber viel wichtiger ist: Hatte Adolf Hitler tatsächlich Recht mit seiner Erkenntnis, welche mit seinen oben genannten Worten zum Ausdruck kommt?

(Siehe hierzu auch: Erich Fromm: Anatomie der menschlichen Destruktivität, Kap. 13: Bösartige Aggression: Adolf Hitler, ein klinischer Fall von Nekrophilie Seite 415 uff.)

Denken die Menschen tatsächlich nicht und kommt dies den Regierenden zu ihrem Glück zupass?

Oder ist es uns schlicht mehr oder weniger gleichgültig, was weltweit einige wenige Psychopathen, die sich als unfehlbare „Führungselite" verstehen (und sich auch via Körpersprache so aufführen, trotz Image-Beratung und Training), über unsere Köpfe hinweg entscheiden, was mit uns passiert und was wir zu denken, zu lesen, zu schreiben, zu tun und zu lassen haben?

Und so wiederholt sich das Spiel in (un)regelmäßigen Abständen mit all den Hitlers, Stalins, Putins, Pol Pots, Mussolinis und so weiter, und so weiter..... in allen Schattierungen und Facetten der psychologischen Schwächen; dies sind allesamt menschlich gescheiterte Existenzen sowie kleine Diktatoren, die im Fell einer gut gemeinten Demokratie kleben.

Die psychischen Krüppel sterben leider nicht aus und wachsen nach. So wie diejenigen immer wieder nachwachsen, die sich für diese Kranken einsetzen und stark machen, weil sie sich Vorteile versprechen; sog. Mitläufer und Trittbrettfahrer. So kommt es, dass uns die Geschichte lehrt, dass sie uns nichts lehrt.

Aber dies ist ja auch eine Konstante!

Interessant ist, dass weltweit nur ca. 250 Menschen (zuzüglich einige Zehntausend an Entourage, Lobbyisten und Erfüllungsgehilfen) über das Wohl und Wehe von z. Zt. knapp acht Milliarden Menschen (Stand 2018) entscheiden.

Dass das endlich anders wird und rd. 8 Milliarden Menschen über rd. 8 Milliarden Menschen entscheiden, ist höchste Zeit.

Ein bemerkenswertes Erlebnis möchte ich nun zum Schluss noch weitergeben: Als ich im Jahr 1998 in Namibia unterwegs war und in verschiedenen Lodges landesweit abstieg, bekam ich eine seinerzeit dort erscheinende deutschsprachige Zeitschrift in die Hand, welche in einer Lodge auslag.

Die „Deutsch-Südwester", wie sich die Nachfahren der einstigen Kolonialisten im damaligen „Deutsch Südwestafrika" auch heute noch nennen, pflegen eine feste Tradition und Zusammenhalt sowie die deutsche Sprache.

Die Zeitschrift „Der Insider" war in der Bundesrepublik verboten. Dort konnte man einem Artikel entnehmen, dass der jeweilige (künftige) deutsche Bundeskanzler bezüglich Integrität und Loyalität zum Amtsantritt von der Regierung der USA „abgesegnet" werden musste.

Was kurz nach dem 2. Weltkrieg, während des Neuaufbaues in den 50er Jahren sowie während der Zeit des „Kalten Krieges" noch denkbar und halbwegs akzeptabel erscheinen konnte, kann (1998) etwa neun Jahre nach dem Mauerfall (1989) und der Wiedervereinigung 1990 nicht mehr überzeugen und widerspricht sämtlichen demokratischen Gepflogenheiten.

Ob dies der Realität entsprach oder gar noch immer entspricht?

Nun, darüber darf jeder selbst philosophieren und für sich entscheiden. Warum hätte der Autor lügen sollen? Außerdem soll jedes „Märchen einen wahren Kern" haben..... sagt der Volksmund.

Auf alle Fälle ist es vorstellbar und nicht in Gänze undenkbar oder absurd.

Abschließend und zusammenfassend folgendes Fazit:

Neurosen sind grundsätzlich nekrophilen Charakters und ziehen nicht nur den Träger, sondern in aller Regel auch die Umwelt und das Umfeld in Mitleidenschaft.

Gesunder Menschenverstand kann nur von einer gesunden Seele ausgehen, die sich mit der Gemeinschaft Aller verbunden fühlt.

Psychopathen wie in diesem Buch beschrieben, sind kranke Menschen; **es liegt <u>keine</u> zuverlässige Dienstfähigkeit vor.**

Gesunde - besser gesagt „biophile" - Entscheidungen können von diesen Menschen nicht getroffen werden. Neurotiker sind dazu nicht in der Lage, da keine objektive Sicht der Dinge vorliegt. Es kommt zum ständigen Versagen zum Nachteil der gesamten Menschheit, der Umwelt und Natur.

Und das, seitdem es „Häuptlinge" gibt, Stammesfürsten, Könige, Führer, Premiers, Kanzler und Staatspräsidenten, die herrschen wollen und - noch schlimmer - Kriege führen und schüren, daran verdienen und uns erklären, dass dies notwendig und unabwendbar sei.

Nichts und niemand sollte einem anderen dienen müssen und sogar noch stolz darauf sein. Schon gar nicht in einer Armee oder ähnlich militärisch organisierten Konstrukten, wie beispielsweise Konzernen.

Es verwundert nicht, dass der Mensch aus dem Volk als psychisch (relativ) Gesunder die kruden und absurden und im Grund ichbezogenen Entscheidungen und verqueren Gedankengänge „unserer" Führungs"elite" und Pseudo-Demokraten weltweit oftmals nicht begreift; ja, **es gar nicht begreifen kann!** Es fehlt die Krankheit als Voraussetzung und Disposition, um dies nachvollziehen zu können.

Solange wir es zulassen, dass Psychopathen in unseren Regierungen und Wirtschaftsunternehmen sitzen, brauchen wir auch nichts Anderes erwarten als die skrupellose Ausbeutung und Zerstörung der Erde inklusive der Bevölkerung.

Und solange Profitgier und Lobby-Arbeit regieren, werden beispielsweise die Plastikvermüllung der Meere niemals enden und eine Cannabis-Freigabe als allgemeines Hausmittel in weiter Ferne sein.

Neurotiker können die Interessen ganzer Nationen, beispielsweise in Frieden miteinander zu leben und sich tolerant auszutauschen, nicht glaubhaft umsetzen und vertreten. Dies von einem Machtmenschen zu erwarten wäre ebenso unglaubwürdig, wie einen Fünfjährigen Witze über die Ehe erzählen zu lassen.

Die Menschheitsgeschichte wäre über die Jahrtausende durchweg deutlich anders verlaufen, wenn die Psyche der verantwortlichen Herrscher/Politiker gesund gewesen wäre; es gäbe mehr Frieden und deutlich mehr Zufriedenheit ohne Politiker und seelisch deformierte Wirtschaftsbosse.

Und wir hätten eine deutlich weniger zerstörte Umwelt.

Alle in diesem Buch geschilderten psychisch Behinderten und empathisch Toten aus Politik und Wirtschaft sind für eine funktionierende Gesellschaft der Menschheit sowie der Umwelt nicht gänzlich nutzlos: **Sie können uns allen immer noch als schlechtes Beispiel dienen.**

Wir sollten sehr wachsam sein und bleiben und keinesfalls aufhören zu denken, zu hinterfragen und zusehen, dass wir endlich zu einem zeitgemäßen und demokratisch weiterentwickelten

Regierungssystem wechseln, welches nicht nur im Kern, sondern auch im täglichen Leben funktioniert......

Man sollte niemals aufhören, „Autoritäten" anzuzweifeln!

Buchempfehlungen:

Weiterführend und ergänzend werden die folgenden Bücher empfohlen:

Psychologie für Jedermann
Pierre Daco
mvg-Verlag
ISBN: 9783636071576

Lassen Sie der Seele Flügel wachsen
Peter Lauster
Rowohlt-Verlag
ISBN: 9783499173615

Lassen Sie sich nichts gefallen
Peter Lauster
Rowohlt-Verlag
ISBN: 9783499620386

Die Neurosen der Chefs
Hesse/Schrader
Eichborn-Verlag,
ISBN-13: 9783821838236

Nieten in Nadelstreifen
Günter Ogger
Knaur-Verlag
ISBN: 9783426771365

Wollten Sie schon immer wissen.....
..... was - oder besser - wer Kriege auslöste?
..... warum jemand unbedingt „Karriere" machen will?
...... aus welchem Grund wir weltweit weitgehend
inkompetente Politiker und Wirtschaftslenker haben?

Weshalb das so ist und dass man etwas
dagegen tun kann, erfahren Sie in diesem Buch!

Dieses Werk betrachtet der Autor als seinen
persönlichen Beitrag zur Deutschen Bundesinitiative
'Demokratie Leben!'

Bernd Schlösser ist Jahrgang 1966,
in Berlin-Spandau geboren und
aufgewachsen.

Im Jahre 1987 begann er
seine autodidaktischen Studien
zum Thema Psychologie die die
schliesslich in diesem Werk
mündeten.